车建新　钱莊◎著

THE WISDOM
OF EXPERIENCE

生活体验的智慧

中国友谊出版公司

目 录
Contents

开启内心来发现一个不同的轨迹

彼得·圣吉（Peter M. Senge）

管理大师、《第五项修炼》作者

中国的企业家正在让中国发生改变，也开始让世界发生改变。在商贸领域，中国在历史上就一直富有创造力。近十年来，中国成为世界第二大经济体；中国文化孕育的企业的成功不仅局限在中国，而且走向了全世界。阿里巴巴历史性的上市，也毫不夸张地显示了一点：在创新和创业领域，中国企业家正在成为全球的榜样。

但是，企业家的内涵究竟是什么？他们的创新究竟属于哪一类？

多年前，我的老师南怀瑾先生曾说："中国没有企业家。"我疑惑不解地问他："中国各地的私营企业正在爆发式地增长，为什么说没有企业家呢？"他回答说："中国传统文化里面，企业家的标准是胸怀天下苍生的福祉，并把提高社会生命的福祉作为目标的人。而现在大家只是为了赚钱，所以没有真正的企业家。"

南师的话让我思考良久。我意识到这当然不只适用于中国。现代社会中大家普遍的心智模式就是：赚钱，成为传奇式富豪。这就是企业家的驱动力。但其实我总是感觉这个理解过于简单苍白。

多年前，在 dot-com 泡沫（即互联网泡沫）正值巅峰的时候，我的好朋友、战略策划专家普哈拉（C.K. Prahalad），为了近距离观察这些投资行为，就从密歇根搬到了加州。一年以后我问他，这些创业者的动机是否都是为了成为传奇富豪。他回答说："对于那些平庸的创业者，是这样。但我调查的所有'连续创业成功者'（已经创立多家成功企业的创业者）都有一个共同的动机：他们要改变世界。当然，他们还相信，当他们成功改变世界的时候，也会赚到很多钱。"

所以说南师的话里面包含两个问题，"企业家的真正含义是什么"只是其一。其二是"影响今天社会变革的创业者应如何转变心智模式，开发自己的深层愿力，以增进人类生命福祉为原动力"。

我认为，车建新先生在《体验的智慧》中的反思和分享，正可以帮助我们面对这些问题。

表面上看，建新的经历和中国许多成功的创业者的经历一样。从25年前木匠出身的创业者，到今天建立了拥有一百多个大卖场、价值600亿人民币的红星美凯龙家居集团，四分之一个世纪的时间里，建新的生命被企业增长的需要所驱动：企业快速发展，自己行迹匆匆，辛劳工作。但是，在这期间的某个时刻，一种内在的觉知呈现于当下，建新意识到：外在的发展经历，同时也是内在的成长历程；红星美凯龙也是自己修身成长的道场。于是，建新开始了内观反思。

很久以来，建新对员工就有一种深切的责任心，比如十多年前就为员工提供有机食品。他在公司文化里努力提倡，在物质进步的同时要有情商和精神的提升。他知道，个人成功不仅仅是财富的增加，更是人格的成熟和成长。

期待建新的书能够帮助许多企业家寻找内外兼修之道，把创业看成个人修身的道场。迄今为止，很少有真正的创业者把修身当成神圣的追求，这其实是个悲剧。建立和发展一家企业，是要亲手为许多人的生命福祉负责。不好的管理者会让许多人的生命痛苦不堪；好的管理者则能够激发大家的深层愿力，不仅做好自己的本职工作，还能成长为好的父母、配偶、朋友和社区领导者。我们在职场中度过人生中的很大一部分时光。好的管理者知道自己身上担负的精神发展的责任，也就是不仅要完成业绩，还要让员工成长。成功的企业不仅创造就业和客户价值，还可能建立共同的、有尊严和承诺的工作和生活模式。

南师所说的心怀更美好社会愿景的"真正的企业家"，应该涵盖这些方面的内容。这与时尚流行的"社会责任"或其他抽象的理念无关，它是建设能够让生命状态变得更好的企业的基石。

建新的这本书揭示，自我反思的能力是进入这种修身之道的门径。知止而后有定。停下来，静下来，才能反思：反思自己的思想，询问自己的动机，觉察自己的欲望和恐惧。

我们每个人无一例外都是习惯的产物。习惯造就我们的思想、情绪和行为，而自己却几乎无法察觉。东方思想认为这不只限于今生今世，因为它还来自我们"先天种子"的业力。印度思想中将这种深层习性叫作sanskars（潜意识），那是我们灵魂深处的深刻痕迹。但是，痕迹虽然很深，却并非不可改变。因为它只是"痕迹"，并非我们的本性。几乎所有修炼传统都承认这个基本思想。而转变习性的修行道路，就在于发愿承诺，耐心精进，百折不挠。

佛法和大多数修炼传统一样，都认为个人修行并非为了自己的利益，而是为更大的生命，为众生服务。修行发愿就是这一思想的体现。南师说，很多人虽然认真发愿，却不能坚持修行。在愤怒和恐惧中，我们会很快忘记，自己曾经发愿帮助他人和众生。坚持修行的实践能力，要从"警觉的心"开始培育，不断培养柔软的慈悲爱心，化解坚硬的瞋心。这个修行的可能性，是从觉察瞋心和恐惧开始的。反思就是觉察力的修行。来自智利的著名生物学家马图拉纳说："我们只有通过反思才能改变历史。"

建新的书表明，工作繁忙的企业家也可以建立反思的能力。希望其他企业家也能这样做。企业家将改变中国和世界的未来轨迹。过去，西方的轨迹是金钱、消费和物质主义。未来，中国和世界又会是什么轨迹？是否应该回归人类社会深层的智慧传统？这是今天我们所有人都要面对的严峻的选择。答案目前还未可知，但是我们知道，一个不同的轨迹只能通过开启我们自己的内心来发现，只能通过像建新这样的反思修行来开启。

如此，社会中就会出现真正的企业家领袖，他们就是管子、孔子、墨子等古代中国先贤描述的"修身成人"的社会领袖"仕者",如儒家名言：学而优则仕。

2014年秋分

在观念的追问中遇见诗意

于 丹

著名学者

"红星美凯龙"这名字很奇怪，前一半像公社，后一半像外企，组合在一块儿，是中国最大的家居品牌。

董事长车建新，看上去温文尔雅。在我的印象中他似乎总是带着笑意，没有行业老大的飞扬跋扈，反而闪烁着一点若隐若现的天真。

我第一次在论坛上见到他，听见他向创业的大学生们介绍自己："我是个木匠。"他讲到自己14岁时的一个黄昏，走在窄窄的田埂上，迎面走来一位颤悠悠挑着秧苗担子的老人，这个14岁的少年一瞬间清晰地望见了60岁时候的自己，于是他决心改变人生，走一条创造新自我的道路。

从那个黄昏开始，一个小木匠开始打造最精

良的家具和最精良的人生。向外，他亲手缔造了中国最大的家居王国；向内，他用30年光阴酝酿了诗意盎然的哲学观。

他把这个内心王国的价值称为《体验的智慧》，他的自序就叫《一切智慧皆来自体验》。我慢慢读此书，但见满树繁花照眼，一枝一叶都来自于以身体之、以血验之的自我经验。比如他在小区里跑步时，就会思考自己和麻雀谁更快乐，后来得出结论："财富是认知出来的。麻雀认知世界是它的，我认知世界不是我自己的，所以说，我的财富没有它多，我也没有它幸福。"那么，超越了财富去看呢？车建新认为："人类应该勤劳以后变幸福，因为勤劳改变了我们的生活规律。"

他还有一个更为经典的结论："世间万物其实都是相对的。所谓'有限幸福'也就是说有'度'才会幸福，无'度'必定痛苦。"

我以为，这样一个行业老大，能够谦卑地和麻雀比幸福不易，能够有这样的节制和彻悟更不易！他请我出去吃饭的时候，两个人点不了几个菜就吃不完了，他就把服务员叫过来问："这份炸豆腐有几块？"小服务员说："一道菜10块豆腐。"车建新笑眯眯地说："小妹妹，你看我们只有两个人，给我们上5块好不好？"小服务员有点不高兴："我们不卖半份的。""知道，知道，我们钱付整份的，就是吃不完不好浪费，上半份好不好？"车建新还是一副笑眯眯的样子。

我于是想起王阳明在《传习录》中讲到知行合一时说："知者行之始，行者知之成。圣学只一个功夫，知行不可分作两事。"车建新自己也是一个哲学家，他一点一点把自我体验中捉摸出的感受再一样一样地还原到寻常日子中，去把握一种更有质量的生活。

人、人学与"中国的羊皮卷"

中国商业文明研究发起人、独立财经观察家

一

人是世界上最神秘和神奇的生灵。古希腊思想家普罗泰戈拉说："人是万物的尺度，是存在者存在的尺度，也是不存在者不存在的尺度。"在阿波罗的德尔菲神庙上铭刻的那句格言——"认识你自己"，至今仍是人类求索的核心命题。

人在中国传统中的地位同样重要。最古老的典籍之一《尚书》提出，"惟人万物之灵"；《礼记》中记载，"故人者，天地之心也，五行之端也"，把人看作世界的中心。荀子在阐述人与万物的关系时指出，"水火有气而无生，草木有生而无知，禽兽有知而无义。人有气，有生，有知，亦且有义，故最为天下贵也"。荀子的这个

009

观点，被东汉的许慎在《说文解字》中对"人"字释义时延续了，人被视为"天地之性最贵者也"。

在比较中国和西方对"人"的看法时，不少研究指出，西方更偏重于"认识论"，即试图从物质和科学的角度弄清人究竟是什么；而中国更偏重于"体验论"，即更多从心灵体验的角度研究人，"心是道，心是理"，"一切诸法，唯心所生"。西方艺术重视再现，中国绘画重视表现，根源就在这里。

从马克思的立场看，劳动创造了人，生命在于运动，人是改造大自然的生产实践的产物，而人和自然之间的物质变换，又离不开人与人的交往活动和社会关系。所以马克思说，人是一切社会关系的总和。同时，只有通过实践并借助劳动工具的革新，人的本质力量才能得到延伸（如汽车是腿部的延伸，望远镜是眼睛的延伸），人类才能实现自由全面的发展。

和马克思主义的实践论相比，中国文化中对人的价值体认，更多是伦理学意义的，也就是把人的价值与其在伦常关系中的表现联系起来。例如，仁、义、礼、智、信这"五常"，就是用来调整和规范君臣、父子、兄弟、夫妇、朋友等人伦关系的行为准则。

无论是从西方的认识论和实践论角度，还是从中国的体验论和伦理学角度，有一点是相通的，那就是，只要人类存在一天，就不会停止对"人"这一永恒谜题的求解。

人为万物之灵，一个重要原因是人能思考和体验，并把知识、经验和感受通过文字等形式记录下来，传承下去，使后人总是能站在前人肩上继续探索。

在对人的探索道路上，"传道、授业、解惑"的教育可能是最重要的工具。那些伟大的思想家，很多都是伟大的教师。孔子说"性相近也，习相远也"，提倡"每事问"，"三人行，必有我师焉"，"学而不厌，诲人不倦"。苏格拉底说"最有效的教育方法不是告诉人们答案，而是向他们提问"，"问题是接生婆，它能帮助新思想的诞生"。这两位东西方的"至圣先师"，毕其一生，都把教育、学习与人生关联在一起。

二

一个世纪以来，与市场经济的发展相对应，全球出现了不少专门研究和传播人生态度、性格习惯、思考模式、人际交往、修身处事、形象塑造、职场路径、组织行为、公司文化等与"人"的思想和行为高度相关的学术、教育和励志流派，并经由现代化的传播方式，产生了巨大的社会影响。像"心灵鸡汤"、"心中巨人"、"思考致富"、"积极心态"、"情商"、"逆商"、"学习型组织"、"穷爸爸富爸爸"、"奶酪"、"九型人格"等词汇早已深入人心。而诸多政治和宗教领袖、商业巨子、推销大师、社会名流、传媒明星、经济学家和管理学家，也在社会需求的驱动下，参与激励教育，撰写励志作品，与人们分享其奋斗经历和观念价值。

20世纪90年代中期，我曾花过一些时间研究包括成功学在内的全球激励教育的流变。美国实用主义哲学创始人威廉·詹姆斯说："普通人一生只是运用了10%的人生潜力，人完全可以通过改变其思想而改变其生活。"激励教育的目的，就是通过对人的心理、态度、习惯、认知等方面的改变，让人超越庸常，迈向理想的自我、卓越的人生、恒久的快乐。在某种意义上，激励教育可以说是"励志性的人学"。

不久前去世的美国成功学大师史蒂芬·柯维（《高效能人士的七个习惯》的作者）曾对1776年美国建国后200年间讨论成功因素的文献论著加以研究。他发现，前150年中的作品强调"品德"为成功之本，包括正直、谦逊、勤勉、朴实、耐心、勇气、公正、己所不欲勿施于人，等等。"品德成功学"认为，真正的成功与人的品德密不可分。

第一次世界大战后，成功学转向强调个人魅力，即成功与否取决于个性、社会形象和维持良好人际关系的圆熟技巧。由此出发，注重人际关系和公关技巧的"关系成功学"，与注重"积极心态"的"心态成功学"成为20世纪成功学的两大思潮。究其原因，在市场经济下，价值实现往往依靠交往与交易，因此人在交往中被认可的程度，人的心态、沟通能力和影响力，往往能发挥显著作用。

《人性的弱点》的作者戴尔·卡内基是"关系成功学"的奠基人，他信奉"人的成功，15%在于专业知识，85%在于人际关系和处事能力"。其学说广泛应用于沟通、演讲、谈判、推销等领域。另一方面，以"钢铁大王"安德鲁·卡内基、拿破仑·希尔、W.克莱门特·斯通等为代表，孕育了"心态成功学"的潮流。他们推崇"一切的成就，一切的财富，都始于一个意念（idea）"。这一流派后来与心理学、神经学、医学等交融，衍生出更多分支，包括以阿德勒和弗兰克医生为代表的"维也纳精神治疗学派"，以马斯洛为代表的人本主义心理学，以威廉·詹姆斯、加德纳·墨菲为代表的潜意识学派，以外科整容医生马尔兹为代表的"自我意向理论"，以约翰·葛林德、理查·班德勒为代表的"神经语言学"，等等。

成功学中有很多重要著作。《人性的弱点》在美国的发行量一度仅次于《圣经》。流浪汉出身、后来成为心灵自助专家的奥格·曼狄诺所著《世界上最伟大的推销员》销量接近2000万册。曼狄诺年轻时，被内心疑惑和失业的痛苦所折磨，四处寻找答案，直到有一天得到"来自上帝的馈赠"——一本《圣经》和一张书单，从中获得神奇的力量。书单上的著作皆出自美国200年来的成功人士之手，且都有很强的励志性，如《本杰明·富兰克林自传》、拿破仑·希尔的《思考致富》、弗洛姆的《爱的艺术》等。这十几本书后来被统称为"羊皮卷"系列，1996年在中国出版，并产生了广泛影响。

三

我在2004年所写的《最伟大的激励》中曾提出，在21世纪，中国面对着经济发展与文明复兴的两大命题。相应地，中国人也面对着双重的挑战，一方面是创造财富，力争上游；一方面是内心充实，喜乐幸福。由于这种"双重性"，中国需要借鉴的激励资源不应该局限于"心态"和"技巧"，21世纪中国的成功学，应该是复合性的、全面的成功学。

中国入世后10多年来，励志类图书已成为出版业的一道独特风景，企业家传记（如韦尔奇、乔布斯、李开复、马云、俞敏洪、王石、冯仑、潘石屹、稻盛和夫等）、引进版图书（如斯宾塞的"一分钟系列"）和本土性培训著作（如曾仕强、汪中求、李践等的著作）是三大组成部分，再加上媒体的推波助澜（如"赢在中国"和杜拉拉系列）和出版机构的努力（如中信、华章、蓝狮子、湛庐等），中国的励志教育市场不断成长。

但是，中国能否出现像"羊皮卷"那样经久不衰的励志大作呢？到目前为止似乎还没有。今天是一个多元化的时代，从过于细分的角度切入，很难有大影响；面面俱到的东西，往往缺乏血肉，显得教条和堆砌；明星企业家的作品，有轰动效应，但因基本是从企业历程的角度展开，除了像李开复先生的《做最好的自己》等极少数作品外，很难成为专门性的励志教程。

在此背景下，我读到了红星美凯龙集团创始人车建新先生的心血之作《体验的智慧》。研读再三，我认为该书堪称是"中国的羊皮卷"，开辟了中国成功学、幸福学、励志教育的新视野，是一部知行合一、学思兼修、气韵饱满、灵光四溢、态度谦诚、新意盎然的关于人之为人、人之自然、人之成长、人之成功、人之幸福的体验之书、分享之书、睿智之书、妙趣之书。

读完全书，我仿佛理解了车建新这个从贫苦农家走出、自小读书不多的小木匠，为什么历经30多年的奋斗，能成为商界翘楚，而且不断超越自己，更新思维，以体验为乐，以创新为快。我想这正是因为他有两件宝贝，一个是他从父母身上承续的那些最朴素也最持久的价值观，勤劳、俭朴、正直、付出与智慧；另一个是他走向社会，千辛万苦、千锤百炼后形成的学习和思考习惯。他永在观察，永在揣摩，永在学习，永在提炼，他是实践者、学习者、体验者、思想者，宁可选择一万次"异想天开"，也不会选择一次让大脑僵化。正是这样的习惯和历练，让他观乎万物，化成人文，融汇百科，自成一说，"心生而言立，言立而文明"。

文，心学也。读《体验的智慧》这部"中国的羊皮卷"——认识生命、经营人生、追求真善美的励志之作，促进人的自由全面发展的创新之作——必定会有思想的收获、心灵的收获。

问自己一个与生命有关的问题

吴晓波

著名财经作家、"蓝狮子"出版人

在《体验的智慧》由蓝狮子策划出版以前，我知道车建新是因为红星美凯龙，他是那个行业的传奇。2011年，秦朔介绍我与车建新见面，是因为车建新在写一本书。

每一个人的内心都有写一本书的冲动，但每一本书如每一个人，有不同的面貌与思想，也折射出写作者的过往和落笔的初衷。

"车建新为什么要写书？"我问。美国钢铁大王卡内基晚年写回忆录，朋友问他，为什么要写书，他说："我要有一面镜子看清自己。"

过去20余年里，我写过很多企业的书，也出版过很多企业家的书。车建新的创业经历也许是一个不错的中国故事：近30年，从600元借款变成近千亿资产，财富增长1亿多倍。车建新却说："我要写自己的体验。"

体验就很难数字化了。体验会有体温，会有徘徊，会变得柔软。

"14岁那年夏天，我帮母亲去挑秧，路上有个老公公，已经74岁了，他和我一样在挑秧，然后我想到：难道我要像这位老公公一样再挑60年的秧？当时我暗下决心：这辈子一定要先苦后甜。其实我之所以从农村走出来，出发点只是'要让自己当一个有用人'，不想依赖父母，只想利用好家庭、朋友的资源，为家庭赚钱，想把事情做好，有责任心，有正义感，想超过别人……"

这是一个场景。少年，和他的一段内心独白，充满了企图，有方向，却没有道路。

"我16岁那年，刚从乡下到城里来打工，第一次上街才知道，城市里是靠右行走的。这次经历让我深切地感受到，原来走路也要学习，不学习是没法生存自立的……"

每一个从乡村或边城走出来的青年都有过这样的体验吧。城市的马路太宽了，陌生的秩序让人不知所措。

"人的生命只有一次。每个生命都是伟大的。既然是生命的存在了，来人世间走一遭了，起码应该活得明白：我是谁？这个世界是怎么回事？后者更是以追求智慧的方式去探索人生、体验人生了。"

"什么是生活？生活是一门学科，更是一门艺术。未经思考和体验的生活是不值一过的，只能说是生存而已。"

"人生就是三件事，一找到事物的本质，二找到事物的规律，三找到事物之间的联系，事物之间的联系就是创新发明。"

"我们总是看见天鹅在水面上，骄傲地昂着头，自信而优雅地游着，却往往忽略了它在水下不停运动的两只脚——人亦如此，要想骄傲地自信着，只有永不停息地努力啊!"

……

读着这些文字，你可以听见骨骼成长的声音，很原始，很直接，很欲望。它们属于这个以达尔文主义为信仰、以享受为耻辱的时代。它们属于一代人：迷信进步，拒绝矫情，以生命去换取物质，以物质来印证价值。

在车建新的任何时刻，他都想找到自己在公共世界里的存在和价值："人人都会照镜子，但我后来发现，生活中还有一面镜子，而且是更重要的镜子。它的镜面是什么做成的? 是他人的眼光。"

"27年前，我问自己'我是谁'，答案是'一个好木匠'!"

"过了5年，我又问自己'我是谁'，答案是'一个勤劳的生意人'!"

"后来我再问自己这个问题，答案是'一个用心做事的人'!"

从手艺人、生意人，到追求事业的人，这种不断的自我设计、自我超越，就是认知自己的方式、认知自己的过程。这样的修炼发生在几乎所有的事业中，无论出世的，或入世的，车建新在商场悟道。

在过去很多年里，中国企业界流行的是对"弯道超越"、"狼性营销"，以及"微笑曲线"等商业技巧的探索，这些商业思想的梳理帮助一批中国公司成了最后的胜利者，但在功成名就后，中国企业家再往何处去变得越来越多元化。对于经济与物质的成长，也许我们尚可以勉强勾勒出稍稍清晰的轮廓，可是，在更大的时空背景下，我们会产生更致命的迷失，那就是我们之所以存在的意义。就像R.G.科林伍德在《历史的观念》中所写到的："我们可能走太远了，以至于忘记了当初出发的目的。"这句名言的另外一个问法是：我们追逐财富的人生真的是出发的起点吗？

其实这又是一个永远都找不到标准答案的问题。

提问的意义，有时不在于答案，而是问题本身。体验过写作乐趣的车建新，将仍然在追逐财富的道路上奔跑，他的红星美凯龙将越开越多，他的资产可能继续膨胀成1000亿元、2000亿元。这是他的工作，鲜衣怒马，冷暖自知。而与众不同的是，他同时还在思考那些柔软的问题，比如意义、价值、存在。他还像很多年前的那个江南少年一样，向着空气提问，对着影子自语。

在对"成长"和"生活"的哲思后，车建新继而发问"生命"。这很奇妙，我们会在同一个故事里找到若干个甚至是冲突性的答案。

一切智慧皆来自体验

车建新

　　一切的智慧皆来自体验——这是我40多年的人生里最为深切的感悟，也是我下决心完成这三本有关成长、生活和生命哲学访谈录的初衷。

　　现在许多人，尤其是年轻人，都来向我讨教所谓成功的秘诀，可我觉得自己实在是一个平凡的人，没有什么特别之处。但人家不相信，以为我不肯讲，于是我逼自己用心去思考起这个问题。

　　我想，如果要说我今天的事业算得上是一些成功的话，那完全得益于我长期对生活对工作用心地观察、分析、解剖、总结、想象、联想、模拟和互动的习惯，概括起来就是两个字：体验。

　　对工作与生活的体验，把体验积累的智慧

再去体验工作、体验生活。也可以说，是体验伴随着我人生的成长和
情感的阅历。

两年前，我出差去了一趟新疆。从乌鲁木齐到库尔勒乘飞机只要
45分钟，坐汽车的话却要5个小时，但我还是坚持坐车去，想看看路
上的风景。接待我们的人说，两边全是不毛之地的戈壁滩，没什么好
看的，我说看戈壁滩也好啊！行进的途中，果然什么都没有，除了石
头，还是石头，原来戈壁滩就是一片荒漠。但当经过天山时，我突然
感觉惊喜来了——这里不是火星吗？

这一刻，眼前那些不十分陡峭的小山坡，不那么尖的山岩，分明
是火山喷发后残留的遗骸，而且还伴随着一种快被烤焦的感觉……我
顿时大呼："这就是火星！我们到了火星啦！"车速时慢时快，我顺着
那个节奏又半躺下来，看着天空，看着岩石，更有穿行于火星的感
觉，因为视线更集中，把周围的公路等景物全都虚化掉了。同时我在
不断地联想：其实这个地方可以说同火星是一样的，火星同地球也差
不多，都在围着太阳转，只是地球多了氧气。不一样的只是温度与引
力，其他肯定都一样……我还联想到了天文学家曾经的观察、描述：
埋在土星环里的都是冰块，与北极一般。其对火星表面一片贫瘠、焦
燥的评价，真与我当时的体验产生共鸣啊！

我对同行者叙述我的体验，他们说："车总你真会想。"我说，可
以开发一条叫"火星之旅"的游览线，山石林中设置那种下面铺了轨
道、两人座的"探月车"，一节一节的，转来转去，时上时下，让更多
的人来体验火星。

这就是体验的力量。

体验，不仅能提升人在平凡生活中的智慧，还可以获取现实生活中无法满足的许多东西。体验真是个宝贝，认识体验，当然更要善于体验。

人为何物？说是高级动物并不精确。人是智慧的动物，更是希望的动物，其所有的智慧都是体验而得。其他动物为什么没有智慧？因为不会体验，或者说根本就缺乏体验的功能。就论最原始的本能，同样是食，动物无一例外只会生吃，而人类把果腹充饥进化到了丰富的美食文化；同样是性，动物只是交配，而人类可以演绎出浪漫万种的爱情……照我看来，这个巨大差别的秘密，就是体验的功能。

十分可惜的是，现在很多人并不重视体验，甚至让这一功能都关闭了、退化了，那怎么还会有智慧的产生呢？

我曾有个大胆的发现与推测：人并非猿变过来的。人是人，猿是猿。以前听说过的那叫类人猿，本质还是猿嘛。即便是，也应该是类猿人。这是因为我研究了人的七情六欲（我现在还增加了二情三欲，成了"九情九欲"，书中会一一详述）。尽管猿也会直立行走，也会使用工具，但它除了本能，至少"九情九欲"不可能完整吧，也就更不会有智慧的体验。

所以对于"九情九欲"的感知能力，正是人类特有的智慧功能，是特别需要珍惜的，这也是人的创造力的基础。最近，我又特别发现了一种"意觉生命"，它更是与其他"六觉"互动的顶级智慧体验。

我是个"求本主义"者，也是"联系主义"者。什么是"求本主义"？就是寻求生活的本质，分析事物的根在哪里。体验的智慧才是人的本质。

那么，体验的本质又是什么？我觉得它是一种个体与世界上人、事、物的联系，是活在当下的标志，是进入情境中的视觉化的思考。

　　当然关于体验的具体内容，书中除了专门章节的阐述，还会在多处涉及，在这篇序言里，我只想先同大家分享一二，因为它们是我开始这次访谈的精神基础与缘起。

　　首先我要讲一下，在我真正开始思考生活哲学的命题时，我经历了一次亲情追思的体验。我想起了我的父亲、母亲，甚至我的祖父、祖母，是他们把生活的接力棒交给我的，这根接力棒上写着艰辛与智慧，我捧着它创业直至今天，所以我一定要把我这些感悟献给他们，作为最好的回报。

　　我祖父是随其祖父流浪到我现在的老家常州市金坛的，凭着他的勤劳勇敢，在那里扎根生活了下来。父亲9岁那年，祖父因伤寒症离开了人世。听我的姑姑说，祖父临终前全家人都抱在一起痛哭，觉得天都要塌了——这可能是我的家族史上最惨痛的一幕，但也是兴旺的起点——成了寡妇的祖母，靠着她的坚强，不畏欺负，不怕艰难，带领全家走出困境，并且在生活中悉心教导，让我的父亲不仅正直而且有智慧。

　　父亲那时没有条件读书，12岁就开始外出打工了，成年后很快成了一名技术瓦匠，后来还成了一些项目的负责人。他对我最大的影响，就是总喜欢在工作中动脑筋，搞点创新发明。譬如说他砌的灶头，不仅拔风性能好，还会特别增加一个充分利用灶火的余热加温的热水颈管。而我母亲的巧干，可以说是我创业之路的照明灯。她每天下田干活从来没有空担，去时将猪灰带到田里做肥料，收工正好担回庄稼或土块……可惜她积劳成疾，48岁就过世了。多年前，与病魔顽强抗争了 13 载的父亲也撒手人寰。为此我写过一篇文章《父亲母亲：我成长和成才的根》，这不光是为了思念，更是体验，一种创业精神的体验，现在我有责任把这体验传承下去。

事业其实并不是一代人就能完成的，而这种代代传承积累延续的保证，就是对家族精神智慧亮点的深入体验。

最后，我应该说一说本书的成因与完稿。这也是一次合作互动的体验，是漫谈中形成的生活文化之旅的体验。

本书的编撰者钱莊（钱旭东）先生，是一位创意策划人，我的好友，也曾是我直接的下属，现在是红星集团的顾问，但我更愿意把他当成我的文化老师。20 多年前与他结识，因为他的一篇文章，我燃起了对文化的浓厚兴趣，并由此把文化融进了企业的发展战略和经营管理，把文化之爱融进了我的生活和生命。

说实话，认识旭东前我读书并不多，拿到一本书也总是急着要把它翻完，而正是在与他经常性的交流切磋中，我开始了享受阅读的体验，现在一天连续看七八个小时的书也毫不厌倦。要是一天不读书，反倒觉得缺了什么似的不踏实。学习的体验，我真的感觉是在"同许多智者对话"。小时候，听到"书中自有黄金屋，书中自有颜如玉"的话，总觉得那不是真的，但如今却更体味到了其中的价值。

书读多了，感悟自然就多，再加上我自身创业实践的无数体会，于是我们日常的交往，更多成了各自心得的交流、分享与对接。我总觉得钱莊是个另类的文人，在艺商之间有通感。尽管我俩的出身背景、人生阅历和性格脾气反差很大，但在工作、生活和文化的许多观点上，往往竟有如同一人般的共鸣。所以，有一天我提出我们共同来完成《体验的智慧》一书，以让更多朋友参与体验，他也欣然接受了。

还值得一提的是，本书的创作过程，本身就是一次非常愉悦的体验过程。我俩或是茶余饭中闲聊，或是结伴航行在云端神侃，又或干脆在游泳池溅起的水花中，意识流一般地交换灵感……总之，这三本关于成长、生活和生命哲学的访谈，完完全全是在生活情境的体验里完成的。

所以，对于此书，读者也千万不要正经八百地专心去看，你可以在烦躁地候机、候车时，在漫长旅途的闲暇时，躺在床上但尚无睡意时，甚至在给浴缸放水，或者泡脚的时候来看，总之在"生活着"状态下的阅读体验效果更佳。

你还可以这样：当你认为其中的若干篇章引起你的共鸣，渗入你的意识了，那就可以把这些章节撕掉，一年下来你再看看这本书还剩下多少页，也许这些正是我们要在以后不断修正和重新思考、体验的。特别还希望你能把阅读本书的体验发给我，让我们更好地学习和互动。

被称为"复旦的尼采"的张汝伦教授说过："在哲学深处，体会到的是一种个人成长、走向成熟的感觉。"

成长的过程，就是生活在每一天的体验过程，在体验中人才会产生最高的境界——智慧生命。生活是美好的，而生活的哲学只有靠体验才能感受得到。生命是灿烂的，但更需要智慧的体验才能领悟到。体验才能进入情境，情境之中才能进入情感状态，才是活在当下。

愿所有的读者朋友，尤其是青年朋友们，一同来分享体验的快乐和体验的智慧。

怎样强壮细胞

——可以实践的"十二个理论"

我有三个好朋友,一位是上海长海医院肛肠外科主任傅传刚教授,他是专门诊断和治疗大肠癌的专家,是中国肛肠学会的副会长,上海市结直肠专业委员会的主任委员。他在国际上很有名,最近几年在美国、日本、俄罗斯、巴西等地作为特邀嘉宾,代表中国做过十多次有关大肠癌治疗的演讲,在中央电视台的《健康之路》和上海电视台的《名医大会诊》做过近20次的关于肠道健康的访谈节目。

第二位是上海长征医院的王金林教授,他是专门研究细胞的。他到美国的国际卫生会议上做过两场演讲,在中央电视台的《健康之路》也做过两次专访。他对细胞的研究已经位于世界尖端水平。

第三位是深圳的徐教授,他是专门研究中医经脉和血液的,就是血液系统和经脉系统。

他们三位和我的私交非常好，这5年中我们经常在一起聊天，我经常向他们提问，逐步得出了一个我自己的细胞理论。我自己号称，学了我的"细胞理论"之后，并注重实践，可以延长寿命15年。

一、了解细胞

人，看上去比较强大，但要是将他分割开来说，也很脆弱。人其实都是由细胞组成的。我们身上所有的东西都是细胞拼出来的，包括肌肉、皮肤、血管、五脏六腑……细胞是构成人体的基本单位。我们吃饭也好，保健也好，运动也好，休息也好，都是为细胞服务的。

骨头也是细胞拼出来的，不吸收钙，骨细胞就没有强度。神经也是细胞拼成的，像电线一样长长的，连通全身，用于传达信号。构成我们肌肉的细胞是长条的，像缆绳一样一丝一丝地组合在一起，这样就有拉力了。

人体神奇在哪里呢？就是几乎每一个细胞都有血管供给营养和氧气，否则细胞就没有办法存活。血管分为动脉血管、毛细血管和静脉血管。心脏内的血液通过动脉血管进入毛细血管，在毛细血管内血液与血管周围的细胞进行物质交换，血液内的营养物质进入细胞，而细胞内的垃圾进入血管，带着垃圾的血液再回流到静脉，最后回到心脏。《黄帝内经》的核心思想就是：所有疾病都是因为血没有输送到位，所有健康法门都跟血液循环有关。

二、认识细胞

细胞是有机体,是人体结构和功能的基本单位。人体大约有40万亿~60万亿个细胞,细胞的部位和功能不同,其形状也不尽相同,有圆的、方的、长的、扁的,大部分细胞的直径在10微米~20微米之间。

尽管人体细胞的形态和功能不同,但在结构和组成上大部分基本相似,新细胞是由已存在的细胞分裂而来。细胞吸收需要的营养和氧气后变得强壮,身体需要时可以分裂性地生长,一个变两个,两个变四个。衰弱的、差的就会死亡,被淘汰掉;强壮的、好的则留了下来,完成新陈代谢。

与人的生老病死一样,每个细胞都有一定的生存期,到了一定的期限就会自然死亡,大部分细胞生存期为100~200天,一般情况下代谢越旺盛、越容易受到损伤的细胞生存的时间越短。胃肠黏膜细胞的生存期只有3天左右,血液中的白细胞有的只能活十几天,皮肤细胞生存期为200天左右,肝细胞生存期为500天左右,而脑与骨髓里的神经细胞的生存期有几十年,同人体寿命几乎相等。心肌细胞和神经细胞类似,不是分裂性生长,而是吸收性强壮,生存期很长。

人体的许多疾病是因为细胞机能失常引起的,如果能维持细胞的营养均衡,氧气充足、血流畅通,细胞就会不断地新陈代谢,那么人活到90岁、100岁都不会有问题。

我们身上有两种重要细胞:第一种是红细胞,又叫红血球,形状像一个个小的圆盘一样,存在于我们的血液中,有20万亿个左右。它们像高速公路上的卡车一样负责从我们的肺里装载好细胞最需要的原料——氧气，然后运输给身体的每个细胞使用。红细胞中含有血红蛋白，所以血液呈红色。血红蛋白中有铁元素，所以贫血的人宜多吃含铁丰富的食物来补血。血红蛋白能和氧结合，因此红细胞能通过血红蛋白将吸入肺泡中的氧运送给组织，将氧交给细胞后，然后又会与组织中新陈代谢产生的二氧化碳结合，将它们运到肺部，排出体外。

红细胞的生命周期是多久呢？120天左右（平原地区）。当血液中的红细胞和血红蛋白的数量减少到一定程度时，就称为贫血，这时我们的组织和细胞就会缺氧，人就会感到没有力气，缺乏精气神了，就像汽车没有了汽油或汽油里掺了水，开不动了，脸色也会变得苍白。

第二种是白细胞，白细胞是我们身体内的"警察和武装部队"，负责消灭外来的敌人，清理血液和组织内的垃圾，保护人体的各个系统。白细胞的生命周期为7～14天。正常情况下我们的胃肠道和皮肤等一直要与外界的有害细菌接触，人体的口腔和体表随时随地都会有细菌，之所以不会生病、感染，就是因为有一支非常强大的"武装部队"在时时刻刻地保护着我们。如果在哪个部位细菌过于强大，而我们的部队没有压倒性的优势，就会在这里发生激烈的战斗。它的另外一个任务是清除体内的衰老细胞和变坏了的细胞。这些坏细胞如果在刚开始变坏时就被清除，我们的身体是不会出现问题的。如果它们进行了伪装，让我们的"武装部队"无法识别它们是坏蛋，它们就会肆无忌惮地无限繁殖生长，最后甚至将我们的"武装部队"也打败，导致人也死亡，这就是我们常常听说的癌症。

无论是红细胞还是白细胞都是由我们的骨髓生长出来的，然后在血管里流动。多锻炼可以让血液流动加快,毛细血管扩张,到达组织的通道就会变得通畅,红细胞和白细胞就容易到达各个部位,清除淤塞,杀菌化瘀。

三、认识五脏六腑

我们的五脏六腑就像中央政府的各个职能部门,各司其职。

心,我们的心脏就像机器的发动机和高压泵,负责将血管里的血液泵到它们应当到达的地方去。如果我们的心脏出现了问题,高压泵的压力就会降低,血液就不能被泵到距离很远的末梢毛细血管,就会出现血液的淤积,细胞就不能尽快地得到所需的养料和氧气,代谢产生的垃圾也不能被及时地运走。人为什么要运动呢? 运动其实就是为了让我们的血泵的流量更大一点,冲击力更大。随着年龄的增长,心脏功能减弱,泵血量也在逐渐减少。血是我们整个身体的输送带,血里面承载了很多东西,比如:红细胞、白细胞、营养、水、氧气……它们会随着血液流到每一个细胞去。如果泵的力量不够,血泵不到毛细血管的端头,部分细胞就没有东西吃,长期下来就会提前衰老和死亡。

肺,是负责吸收氧气,排出二氧化碳的。它不停地扩张和收缩,通过我们的气管和支气管将氧气吸入肺内的几亿个很小的肺泡内,然后再将氧气转到血管里,由红血球承载后送到组织和每个细胞;红细胞在组织内将氧卸载后装上二氧化碳,再运到肺泡内通过呼气将其排出体外。空气中的污染,会增加肺的负担。吸烟,也会增加肺的负担,加剧对肺的损害。

胃，近端连接食管，远端连接小肠，就像我们常见的搅拌运输车。胃壁有五层结构，最内一层是黏膜，可以分泌很多消化食物的酶、胃酸和液体，最中间是肌肉。食物进入胃以后，胃壁的肌肉一边蠕动，黏膜一边分泌，将我们吃的东西和这些消化酶与食物搅匀进行化学消化，同时一点一点地传送到远端的小肠内。

小肠是我们体内最为重要的吸收营养的场所，有5米多长，表面有一层像"珊瑚虫"一样的绒毛。当我们吃的鸡、鸭、鱼、肉、蛋、蔬菜、水果等食物进入小肠时，大部分已经被我们的消化液分解，由原来的动植物脂肪、蛋白、多糖变成基本的脂肪酸、氨基酸和葡萄糖，这些成分渗入厚厚的绒毛内，被绒毛上的细胞吸收，通过血管转运到肝脏。

肝，是我们体内最重要的加工厂和解毒车间。我们吃的所有东西在小肠被拆解后，变成营养成分经过血管被运送到肝脏，在这里经过肝细胞的加工变成对我们机体无毒、能够使用的原材料，再被送到各处的组织和细胞去使用。如果我们的肝脏出现问题，这些东西得不到肝脏的解毒和处理直接跑到全身的血液里就会出现中毒症状。如果我们吃的营养太多，超出肝脏的处理能力，也会对肝脏造成损害，形成脂肪肝。喝的酒太多、蔬菜上的农药残留等，都需要通过肝脏解毒，解毒以后再通过肝将营养输送到血管里，流到全身。所以，少喝酒能减轻肝的工作负荷。

肾，相当于污水处理厂，它与我们的血管相连，内部充满毛细血管，在毛细血管的部位分布有众多的滤水器上的滤膜一样的结构。当血液流经此处时，我们机体多余的水分、代谢产生的废物，例如尿素、肌酐等就会通过滤膜形成尿液，通过输尿管进入膀胱排出体外，起到不断地循环过滤排毒,保持机体健康的作用。如果我们的肾脏出现了问题,多余的水分和毒素就不能及时地排出。

脾,有滤血、清除衰老血细胞等功能。

四、细胞需要吃什么

人要吃饭才有力气,才能生存,我们的细胞也同样需要有营养的支持才能健康地存活。那么细胞到底要吃些什么? 我们可以说是多种营养,也可以说是多种生命的原料。

第一个是氨基酸。我们机体组织的主要结构,包括肌肉、神经、内脏、皮肤等均是由各种蛋白构成的,而各种蛋白又是由不同的氨基酸组成。就像我们的城市是由许许多多的建筑构成,而各种建筑又是依靠各种钢筋、水泥构成一样,氨基酸是我们人体结构的最基本的成分。我们人体所需要的氨基酸一共有20种,其中有12种我们的机体可以自行合成,即使我们吃的食物中没有也没有关系。但还有8种氨基酸则需要从我们所吃的食物中直接获取,叫作必需氨基酸。我们吃下各种食物后,其中的蛋白在小肠中被分解成氨基酸,小肠细胞会根据身体的需要有针对性地将其吸收到肝脏,去合成我们自己的蛋白。

第二个是脂肪,它即是我们细胞和组织的重要组成部分,比如我们的皮下就有一层厚厚的脂肪来保护我们的肌肉和组织;我们的细胞膜上也有很多脂肪,没有这些脂肪细胞就无法生存。同时脂肪也是我们机体中重要的能量储备,许多北方的动物夏天吃很多食物,在身体内储备很多的脂肪,到了冬天没有食物吃的时候就通过消耗这些脂肪产生能量。我们食物中的脂肪包括植物脂肪(豆油、花生油、橄榄油等),它们都是天然的,属于不饱和脂肪酸一类,对于我们身体更加有好处;另外一类是动物脂肪,存在于鸡鸭鱼肉蛋中,这一类脂肪大多是饱和脂肪酸,如果我们吃得太多就会出现高血脂、脂肪肝、高血压、心脏病等,而且也会有更高概率得大肠癌。

第三个是碳水化合物,也就是糖。糖有很多种,包括多糖和单糖等。多糖主要是各种植物的结构元素,但是我们的细胞和体内也有许多糖的成分。单糖我们最熟悉的就是葡萄糖,它是我们细胞最为重要的燃料。我们吃了许多食物,尤其是五谷杂粮、蔬菜、水果后,组成它们的多糖在小肠中被降解为单糖,然后被小肠吸收,在肝脏中合成细胞需要的葡萄糖供给我们的细胞使用。一旦我们吃的东西太少就会出现低血糖,细胞没有了燃料,人就没有了力气。

第四个是维生素,这个名字是从西方过来的——叫"维他命",维持生命的元素。目前所知的维生素有20多种,分为脂溶性维生素和水溶性维生素两类。前者包括维生素A、维生素D、维生素E、维生素K等,主要存在于动物性食物中;后者有B族维生素和维生素C,主要存在于植物性食物中。水果蔬菜里面含有很多的维生素,它是细胞要吃的一个很重要的食物,许多细胞的病变就是缘于维生素的缺乏。维生素是维持细胞功能的一个很重要的元素,像口腔溃疡,就是缺乏维生素的表现,细胞无法进行修复,碎了、破了。

第五个是矿物质。人体内需要50多种矿物质,矿物质是我们细胞合成的很重要的一种元素。比如说盐,盐就是一种矿物质。在一万多年前,人类是不知道吃盐的,那时候的人只活二三十年,人不吃盐会短命,但盐吃多了对身体也不好。

　　各种矿物质在我们的体内发挥不同的功能,例如钙是构成骨骼、牙齿的必要元素,就像水泥是构成大楼的重要成分一样,骨骼内的钙少了骨骼就没有了强度,小孩就会出现软骨病,站立久了就会出现罗圈腿;老年人骨骼内的钙减少了所以就很容易断裂。钠、钾、钙、镁等还是维持细胞功能的重要元素,尤其是体内各种信息传导所需的物质。人体的所有活动都依靠神经进行信号的传导才能进行,神经就像电线一样将大脑与所有的脏器相连接,大脑想把右手抬起来,就会通过神经将命令传给右手的肌肉,然后右手的肌肉就会收缩,抬了起来。而这些信号的传递就需要神经细胞表面的电解质的变化来进行,一旦电解质的浓度发生了改变,这些细胞的活动就无法正常地进行。例如安乐死,其中的一个很简单的方法就是往血管里注射高浓度的钾,血液中的钾浓度一旦过高,心脏肌肉的信号就无法传递,心脏就不能正常地收缩,会立即停止跳动,人也就会死亡了。

　　另外的一些矿物质虽然在体内的量很少,像磷、锌、硒等,但对促进细胞及神经系统功能和肌肉收缩至关重要。农作物也吸收矿物质,只是它的量比较小而已。农作物吸收矿物质之后,通过食物被我们的身体吸收;矿泉水矿物质含量更好。有种矿物质对预防癌症也有作用。江西宜春有个县,那个地方山上的水、温泉含硒量比较高,那儿的人极少患癌症。

　　第六个是水,细胞的80%左右是水,我们所有的活动的前提是细胞要有充足的水分,没有充足的水分,细胞的功能就无法正常运行。我们经常看到有些人在特殊的情况下7天,甚至一个月没有食物吃,仍然活了下来，前提条件是虽然没有吃的，但一定有水喝，否则几天人就会死亡。

第七个就是氧气，我们吃进去的食物只有在细胞有氧的情况下才能变成能量被细胞利用。就像汽车光有汽油是不行的，一定要有氧气，汽油才能燃烧产生能量。我们的大脑只要缺氧7分钟以上就会产生功能紊乱现象，缺血半个小时以上就会死亡。氧气和糖燃烧排出二氧化碳和水，这样细胞就强壮了，才能够发挥各种正常的功能。

五、为什么我们有些菜喜欢吃，有些不喜欢吃

为什么洪韶光教授讲吃东西要杂？红的蓝的白的黑的，五谷杂粮，鸡鸭鱼肉蛋。因为各种食物的成分是不一样的，而我们的身体需要各种各样的元素才能正常地运转。包括氨基酸，一共有20个品种，其中有8种是不能合成的，一定要由人吃进去的食物来提供。只有什么都吃才能达到营养均衡，保证全面的营养。

另外，我们的口腔、消化道里的酶，以及口感会有一定的记忆，尤其是小时候的饮食习惯会让我们产生记忆，所以北方人喜欢吃面食，南方人喜欢吃大米，印度人喜欢咖喱，美国人喜欢牛排，日本人喜欢吃寿司和生鱼片。餐前来一点开胃菜，可以刺激口腔分泌出酶，这样品尝菜肴会感觉更有味道。其实人吃得杂后，对食物慢慢咀嚼，对各种食物也会慢慢喜欢的。有人认为喜欢吃哪种就是缺哪种，这是错误的。我们越是不喜欢吃的才越缺。

什么叫山珍海味？

山珍,就是天上的飞禽,地上的走兽(野生、放养的动物)。它们飞到哪吃到哪,走到哪吃到哪,吃虫、吃草、吃谷物,吃得很杂,所以氨基酸全面,矿物质(微量元素)丰富,味道鲜美。

海味,就是海里的鱼虾等。大海无风三尺浪,海水流动大。鱼是游动的,四海为家,游到哪吃到哪。大鱼吃小鱼,小鱼吃虾米,食物链也很杂,海里的矿物质也比较丰富。所以,吃得杂,才成为了海味。

如果把人体比作一部机器,我们人吃的蛋白质就相当于机器的零部件;糖、脂肪就相当于汽车用的柴油、汽油,维生素和矿物质相当于机油。如果缺乏了氨基酸或者氨基酸的种类不全面,机器的零部件就难以维护和更新;缺乏了糖和脂肪就没有了动力;维生素和矿物质不全面,人体的机器就无法正常运行。

身体无论哪个地方出问题,都是细胞出了问题。比如说心脏病,主要是我们的血管壁内垃圾增多,壁肥厚了(营养过剩,脂肪堆积,血脂增高,淤积在血管壁上所致),血管阻塞、不畅通。我们的血管窄了,供应心脏等重要器官的血流就减少了,就会引起心肌缺血,引起冠心病,甚至发生心肌梗死,导致人突然死亡。如果供应大脑的血管变窄了,就会引发脑梗死(中风),引起人发生偏瘫甚至死亡。我们的血管变硬的原因有两种,一种是油脂吃太多,导致血脂摄入过多;另一种是运动量少,导致血脂消耗得少。血管变硬了就会使血管的弹性下降,引起高血压病。如果血管硬化很严重,再加上严重的高血压,就容易发生大血管爆裂,导致人突然死亡。

癌症也有多种原因:第一种是细胞变坏了;第二种是"武装部队"的能力下降了,细胞免疫力不强,不能及时地发现或消灭这些变坏了的细胞。

六、细胞如何才能强壮

日本是目前世界上最长寿的国家。日本女人平均寿命是86.4岁，日本男人的平均寿命是79.6岁。

日本人长寿最重要的原因有两个：第一是饮食特点，日本人吃菜品种多、数量少、不油腻。我吃过日本新干线的快餐，有28个品种，每样一点点，做得很精细。日本的老百姓家里做的菜也是这样，黄瓜就两块，而且比饭店做的菜品种更多。在他们的民间饮食习惯中，要求每天吃到30种左右的食品，而且三天内尽量少吃同样的食品。此外，日本人吃海产品、豆制品比较多。

第二个就是运动特点，日本人走路都很快，这是以前养成的习惯。以前的日本人腿都很短，加上工作压力大，所以走路都很快。

再有，日本人爱洗澡，爱泡温泉，这对健康大有裨益。

七、人为什么要运动

所有运动，不管是走路、跑步，还是打羽毛球等，目的只有一个——提高心率，运动之后，人心跳的频率可以升高20%～50%。心跳得快，血供应量大，冲力大，这样就可以冲到我们的毛细血管。对于一个体重60公斤的人来说，为什么心脏能用区区1.2瓦的输出功率把血液输送到全身每个角落、每个细胞？

现代中医学有一个革命性的发现：血液能够被输送到全身各处，不是因为血液的动能或血液自身的重力，而是因为心脏和全身各脏器存在共振频率。

气即共振。老子说"静听心音"，如果我们胳膊摆动、步伐迈动等频率与心率产生共振，人体就相当于多了若干个心脏、马达。

肌肉相当于人体的"第二心脏"，运动的时候，全身的肌肉都在收缩和舒张，肌肉的一紧一松，可以反复挤压周围的血管，从而促进血液流动和血液循环。走路要脚尖先着地，脚跟后着地。小腿肚相当于人体的"第二心脏"，其肌肉的松紧张弛，可以促进血液循环。小腿肚的肌肉越发达，辅助功能越强；此外，脚尖先着地还可以减轻对膝盖的冲击，起到保护膝盖的效果。

我们身上的毛细血管也是容易堵塞的，先是淤，然后就是堵，这样各种营养物质就过不去，细胞如果没有营养物质的补充，功能就会越来越差，进而加重淤堵，形成恶性循环。

为什么说我们的内脏容易生病呢？内脏体系的血管是绕弯的，血流没有外部器官的血流畅通。此外，是我们的手脚都在外面，是血管的末端和神经的末端，通过手脚摆动，可以促进血流。而内脏难以做到。再有，肝脏经常受到酒精、毒素的伤害；胃经常受到刺激和霉变的食物伤害；肺经常受到香烟、汽车尾气、油烟、甲醛等的伤害……所以，内脏容易病变。

五脏六腑容易得癌症，原因之一是血流量减少。我们的心脏是闭着眼睛送营养的，把营养送到哪算哪。血流是走捷径的，哪里路远阻力大，就送不到哪里。比如我们常见的老烂腿，由于得了糖尿病，全身的血管壁增厚，里面垃圾多了，血管就会阻塞，尤其是小腿、脚和手，血管路途很远，阻力又大，血送不过去，就会出现手指和脚趾的坏死。

血流的特点是喜欢走熟路、走老路，只要没有特殊因素干预，它总是按常规路线、既定路线走。这样就导致血液常流经区域的细胞营养供给过剩，而流不到的末梢部位（如五脏六腑、脸部等）细胞营养匮乏，细胞吃不到营养。白细胞也过不来，无法杀菌消炎。

如何解决这一问题？其一，加大运动量、提高心率，诸如散步时带点小跑，使每分钟心跳达到120~150次，目的是使心脏泵血更有力，血流量更大，可以冲到血管末梢和边边角角；此外在小跑中，身体宜左右稍作晃动，旨在促进内脏的抖动，加速内脏中的血液循环。其二，多平躺休息。平躺时，血液不需要爬高，慢慢渗透，更容易输送到身体的边缘、犄角，实施资源调配，使得营养分布更均衡。

白细胞有三个用途，第一个功能，它就像我们的警察和武装部队，找到坏细胞；第二个就相当于执法部队，把坏细胞杀死；第三个就是保安，把坏细胞拖走，清除掉。

白细胞的任务，就是时时刻刻发现、识别和消灭敌人。我们为什么运动，就是为了让更多的白细胞可以开到阵地上去。白细胞通常有一种附壁现象，运动可以使之从血管壁脱落，从而有更多的白细胞加入战斗行列。就像马路上的交通警察，如果都待在岗亭内，那么交通秩序就不会好。如果他们全部到马路上，可以大大提高交通秩序。同时运动还使血管扩张，相当于把道路拓宽，可以让氧气、营养过去，这样身体就好。

八、人为什么要退休

当身体的整个功能衰退，其实我们的细胞还不完全衰退，但是有地方会先衰退，在哪呢？

第一个是我们的心血管，没有保健好。由于血液中的脂类及糖类物质在血管壁上沉积，血管变窄，这和下水道的堵塞类似。再有，心脏血管的动脉硬化，早在青年时期就已经开始。当然，血管只有狭窄到一定程度，或是合并急性血栓形成时才会有明显症状。

这就是一种衰退。

第二个是大脑细胞，动脑少了，大脑神经工作少，得不到锻炼，会衰退。动脑血流就快。比如说测谎，就是测大脑的血流，血流快就是在撒谎。

第三个也是最大的衰退——心脏的衰退。我们的心脏一直在搏动，心脏从小孩子生出来以后一直工作到人们年老死去，这个力量是很大的。20岁的女孩子脸为什么红嘟嘟的？因为每一次心脏打血都能打到皮肤边上，心脏功能好。

心脏功能弱，加上血管狭窄，没有足够的血流量，就打不到边上，很多年纪大的手和脚就冷了。年纪大了，我们身上的边边角角就打不到足够的血，打不到血就容易生病。一旦打不到血，氧气过不去，白细胞过不去，水分也过不去，风一吹脸颊就干。

50岁以上的人，手比脸漂亮，因为手常动，供血充足，形成代谢，有血、有水、有营养过去。脸部营养不足，细胞死了，新细胞不补充，就老化了；经常按摩，老皮就会减少。女孩子要漂亮，最重要的是按摩，增加血液循环。按摩，就是增加血流，提高新陈代谢，促进新细胞产生，皮肤就白嫩了。

男人也要用护肤品。护肤品可以吸收空气中的水分，使皮肤保湿，从外部供给面部皮肤水分。此外，护肤品会在皮肤上形成油膜，减少皮肤的水分蒸发。

九、人为什么会累

人累最主要是因为氧气不够，细胞的垃圾产生得太多没有得到清理。我们工作的时候，是屏住气，呼吸就会减少，肺的用量小，氧气就不够。再有，大脑用氧量极大，如果占据过多，其他器官供氧就不足。人在工作时，心脏的跳动是加快的，营养过去了，细胞吃了，但没有吃到足够的氧。细胞馋得很，只要有新鲜血，它就会马上去吃。没吃到氧气，缺氧分解有机物就会产生乳酸，使肌肉有酸疼感，从而使人感到疲劳；此外，体液偏酸，细胞的作用就会变弱，它的新陈代谢就会减慢。

为什么睡觉好呢？睡觉的时候体内的消耗大大减少了，细胞也可以好好地休息，准备活动时需要的能量和东西，醒了以后就有精气神了。就像我们的工地不能一直不停地开工，干到一定的程度就需要停下来一段时间，清理一下垃圾，补充一些材料，这样再干时工作效率就高了。睡觉时平躺，帮助心脏打血，一打就打到端头了。休息最好要闭起眼睛，身体保持安静，用氧量就会减少。氧气至少有20%是供头脑使用的。眼睛闭起以后，头脑的用氧量马上减少，氧气就可以供给其他需要的地方。

十、生活为什么要有规律

吴孟超院士(东方肝胆医院院长、博士生导师)经常说,适量运动、营养均衡、生活有规律是健康的基石。按时吃饭、睡觉、起床,有规律的生活,能够使身体的交感神经和迷走神经(又称自律神经)进入自动运营状态,无须大脑的意识神经来指挥,这样对健康大有益处。此外,人体内的酶和其他物质,也是根据生物钟来调节的。有规律的生活,可以使人体的生物钟准时准点,不至于紊乱。

健康的另外一个关键要素是姿势要端正:坐如钟、立如松、走如风……这不是仪态的问题,而是一个养生的问题。因为正确的姿势才能保证脏器的谐调共振,有助于血液循环。

十一、人为什么要休息

先讲一个故事。2006年,我去土耳其,买了三天后的回程票。接待我的老外请我们吃了一顿饭,当天谈完事就先走了。我走不了,只好在一家临海宾馆住下。因为是第三次去土耳其,不想出去逛了,就在房间待了三天。由于时差,早上睡不着,吃完早餐,散散步;电视看不懂——我连英语都不会,更何况土耳其语,只有看看窗外海景。就这样被迫安安静静休息了三天。那次乘飞机回来,一点也不累。第二天上班,像蓄满能量的电池一样,浑身都是劲。

从这次事中我感悟到,休息太重要了!

2007年,我岳父有肝硬化,他人很瘦,只有117斤,找了个朋友到中山医院换肝。手术后隔离休养,不准探视。9天后我去探视,岳父含着眼泪问我,他是不是不行了,因为他体重急降到了102斤。我问医生是什么原因,刚开始不知道,问了很多人,最后才明白,所有开大刀的人,都要瘦十几斤。因为大休期间,人体自己在调节,存在体内好的营养会被运到需要的部位,内部调配和消耗很大,所以会瘦。

拿楼板打个比方。楼板有自重和载重,人有内消耗和外消耗,我们即使不干活,自己也有消耗的。人在休息的时候,我们的外消耗基本上就很少了,内部消耗的供应就充足。休息,就是为了让营养和氧气更多地供给内脏系统。

休息时,只有内消耗。休息时,自己在调节,把自己多余的营养调到自己需要的地方去,自己调节的能力是非常强的。每一周,完整休息一天;每两周,连续休息2天;每4周,连续休息3天;周一到周五的晚上,是身体恢复;周六白天休息一天,晚上休息时身体会启动一级调配;如果继续休息,周日晚上会启动二级调配;第三天连续休息,会启动三级调配。

50来岁的人,中午一定要休息。为什么?年龄大了以后我们的细胞功能也跟着减弱了,合成能量和清除垃圾的能力也大不如前,定期休息一下可以让我们的细胞有一个喘息的机会,把能量储存好,也让我们的"武装部队"得到休息和调整,人就又精神了,我们的免疫系统也就更有力量去发现和消灭坏蛋,生病就少了。平躺时消耗比较小,血管里的血也容易供到大脑,大脑里的血就会变得充足。中午要闭目养神,打个盹。坐车的时候,最好也能闭目养神。据说李嘉诚每天3次闭目养神,每次10分钟。

60岁之后,中午要休息一小时左右;70岁之后,中午要休息两小时左右。出差坐飞机或火车是很累的,在宾馆多休息两小时,旅游在宾馆多休息半天。

有很多老红军,长征时浑身是病,后来却能活到八九十岁,就是因为后来休息、调养得好。

人身体不舒服,要以休息为主。休息养病比运动的力量更大;等身体好了,再多运动,运动与休息相结合。

怎样养才能强壮细胞? 概括地说有以下方法:

1. 让细胞吃全,保障营养供给。

2. 适量运动,增加血流量,把营养和氧气充分输送到细胞。

3. 生活有规律,使人体的运行更有序、更健康。

4. 适当休息可以让人体的资源做更好、更深的调配,让细胞更有效地工作。

5. 爱心、善良、知足、放松、睡眠宁静和充足等对神经细胞和全身细胞均有很大益处。

人体有四大奥妙,四个优先:

1. 供氧大脑优先,所以我们要经常闭目养神。

2. 营养制造精子、卵子优先,把好的营养调过去制造,源于人的快乐本能,由大脑直接指挥,优先保障。如果早上用了,白天人体就会调集营养去制造、补充,所以会累。

3. 外消耗优先。能量首先用于外部,所以我们要休息,能量就能用于内部。

4. 情人优先。生理上总是对情人优先有反应，所以不能有情人，有情人会导致婚姻不幸福。

十二、人为什么要保持心情愉悦

心态好、心情好，细胞就好。当我们处于愉悦的心情时，人体细胞呈现出放松、自然的最佳状态，新陈代谢旺盛。我们在运动、放松的时候，细胞就会放松。细胞放松、快乐后，就会分泌出内啡肽荷尔蒙，可以松弛神经、降低血压、增强免疫功能。这对人体是有益的。

人们把内啡肽叫作"快活荷尔蒙"，内啡肽可以使我们愉悦，使我们宁静，使我们长寿，内啡肽能提高我们的免疫力、记忆力。人心情好坏，同大脑内分泌的内啡肽多少是互相作用的。反过来人的愉悦感、轻松感、成就感能够增加内啡肽的分泌。尤其人的成就感能够刺激内啡肽的分泌，所以我们每天都应该有成就感。冥想、静坐、瑜伽等"修行"，也会提高内啡肽的分泌量；家庭和睦，夫妻恩爱，也可以提高内啡肽的分泌。

当我们心情不好的时候，或者愤怒的时候，身体里的细胞就会紧张、混乱，整个细胞紧绷着，新陈代谢就不能正常。然后就会分泌出肾上腺素，肾上腺素分泌过多对人体是有害的。肾上腺素被叫作"痛苦荷尔蒙"。当我们处于神经紧张、焦虑不安的状态时，人体会分泌肾上腺素，导致血管压力上升，加重心脏负担。同时，还会导致气血不畅、供氧不足，使得细胞机理紊乱，对人体健康的伤害极大。加上现代人常见压力问题，压力一大就会分泌肾上腺素，使血管收缩，造成血液循环不良。

诸如一个癌症患者，由于极度紧张，导致细胞紊乱，大量分泌肾上腺素。从而加速病变，成倍地加快死亡；而有的癌症患者，由于不知道病情，心情愉悦，自身免疫能力就把癌细胞新陈代谢处理掉了，内啡肽的分泌也帮助消灭癌细胞、维护了健康。

人会因为心理活动的变化而产生不同的行为意识，西医学研究发现在人生气或压抑的时候会产生出一种叫色氨酸羟化酶的毒素（达到一定量，小白鼠都能毒死），直接影响到人的智商及身体健康；中医学，则将其统称为情志病，低落、压抑、恐惧、愤怒焦虑等不良情绪的发生会使得体内产生浊气，耗损健康气血，同时会促使人们为了发泄情绪而不自觉地做出各种损坏身体不同脏腑器官的不良行为，诸如：长期饮酒排解情绪会增加肝病发生率，长期熬夜、宵夜来排解情绪则会增加了胰腺癌、胃肠癌、脑瘤等患病率……因此，合理的心理保健是人体健康的一个重要环节，健康的生活方式在人生中有重要价值，自古以来就被人类所关注。

上海知一林的江雅欣老师讲，中医学中的心理保健思想正在逐渐引起人们的注意，世界卫生组织给健康下的定义是：健康不仅仅是没有疾病，应该是"个体在身体上、精神上、社会上完好的愉悦的状态"。由于"人类已进入情绪负重的非常时代"，当代社会由精神因素引起的心身疾患已是人类社会普遍存在的多发病和流行病。从现在疾病谱系中的各种改变可充分说明精神致病的广泛性，心脑血管疾病和恶性肿瘤已经构成对人民健康和生命的主要威胁，而这些病的产生与社会心理因素有着密切关系。因此，情志保健必须重视，不可等闲视之。

车建新

The
WISDOM OF EXPERIENCE

开篇

品质工作就是品质生活

车建新　昵称"车车"

钱莊　关于生活与工作的话题，你之前谈过许多，可最近你怎么又特别强调"品质工作，就是品质生活"的概念？

车车　是啊，一方面是因为许多人还是把工作与生活对立起来，另一方面，也是对自己原来观念的提升，更强调了"品质"二字。

现在是品质时代、品质世界了，人人都在追求生活的品质，追求美好的生活，这是健康的追求，但问题是许多人并不懂得生活品质并非光由是物质质量决定的，更重要的是精神质量，其实也就是一种生活态度。

其实人80%以上的智慧是来自于工作，生活的智慧可能10%都不到。如果物质品质全拥有了，但不工作，也一定谈不上品质生活。因此，高尚的生活品质，恰是高精的工作品质带来的。

钱莊　这不仅是价值观，也是思维方式所致。

车车　工作不光是生活的基础，它就是生活，可有的人总把工作当成生活的天敌，认为投入工作会妨碍生活品质的享受，这种心智模式一定要改变。

最近有一本书很风靡，叫《魅力》，是《福布斯》杂志的专栏记者、魅力与领导能力专业培训师卡巴恩写的，他在书中主要讲述了专注、力量、温情这魅力三要素，而专注是第一位的。所以我说，什么叫品质工作，本质就是专注工作、钻研工作、精益求精。

那品质工作又会给我们的人生带来哪些绩效呢？

第一，提升了你的价值观。业绩是人生的产品，成就感是人生的引擎。品质工作才容易出成绩，出了成绩，舞台就更大，于是动力与情感就更强，自信、智慧的魅力就不断提升，这是人生的良性循环。

第二，锻炼了你的思维能力。投入品质工作，血液必然涌向大脑，这就会激发你的许多灵感，所谓"急中生智"，我们早年的企业文化就有这一句：情急之中人的潜能释放无可估量，专注时智慧就产生了。这种锻炼下，你的判断能力、审事能力包括审美能力都会快速提升。

第三，追求品质工作，你就会交到许多有共同爱好、共同语言，志同道合的朋友,你内心会很充实很快乐;而投入工作,血液更多流到面部或双手,使你容光焕发,活力四射,你的身心都会得到更好的滋养。

当然,品质工作也必然带来你物质生活条件的改善和提升。

钱莊　你说过,光是来自于生活其实很难出智慧,所以,我们也可以倒过来看看,假想不工作,人生会是怎样?

车车　人如果不工作,一是作息肯定没有规律,晚上熬夜早晨赖床,生理节律也乱了,长期下来身体肯定要垮;二是整天无所事事,导致颓废、懒散,神也肯定散了;三是没有目标,没有挑战,没有希望。人是希望的动物,人生没有了希望这根线,等于丧失了生命。

你想即使关在监牢里的人,也还要工作,否则那种日子无异于煎熬,肯定要斗殴、继续犯罪或者精神崩溃,劳动倒成了给予他们的优待。

这是多么可怕的事实!但即便工作,如果是懒散地工作,其实结果与不工作也相差无几。因为你的心不在工作,没有希望,对事物也没有情感,觉得是在受罪,整天熬到太阳落山,人生也等于等着太阳的落山了,那一样是煎熬,身心同样会散、会垮,哪还谈得上生活呢?

钱莊　你从这两个层面剖析了"不工作"与"懒散工作"的危害，很清晰。美国的心理学家霍华德·弗里德曼和莱斯利·马丁经过二十年的研究，总结出："如果真正热爱自己所从事的有意义的工作，勤奋努力反而有益长寿。"他说的勤奋努力，正是品质工作，看来这是全人类应该共勉的。

车车　我说过，"事做得美和精致，人也美"，这便是品质工作与品质生活的关系。还有一句叫"投入才有精气神"，这应该是对品质工作的注释。

要讲我自己的专注、投入啊，这么说吧，要是我工作时，谁在背后戳我一针我可能都不会感觉到，或者最多感觉痒一下，绝对不会感到疼痛。二十岁出头时，我经常要去工地干活，晚上回家身上不是这里破了，就是那里青了，却不知是在何处碰伤的。

还记得我做木工时，有次锯木料特别投入，不想锯子开木方时，竟把我在那头扶着的左手中指都锯到了，现在这个疤还留在我手指间，倒成了我专注的见证了。

这里又要再提一下我的一个小娘舅，也是我中学的同学，虽然他大我两岁，但人生的起点几乎是同样的。当年我是木工小工，他是瓦工小工，可他就是没有目标和理想，当然就不会专注与投入，三十二年懒懒散散，得过且过，尽管人很聪明，但却急功近利，终究没有提升，现在仍在工地上做杂工。

人的能力有技能、智能和德能，而调度的能力，只会在工作中产生。

钱莊　曾听你讲过，一次非常关键的土地招标前，你打电话时都是用另一只手紧紧抓住那只激烈颤抖的握电话的手，可见专注和投入。

车车　是啊，古代的铸剑师，每次开始工作前都要斋戒、沐浴，那些围棋高手也如此，原因是为了更静心地投入。其实，即便那些表面粗浅的工作，你只要全身心去做，一丝不苟，都可以做到精微、高端的境界。

比如李娜，平时看上去也是那么平凡的模样，但她一旦在网球场上，不但表情是那么美，而且浑身上下都散发出一种无可比拟的魅力。比如郎朗，舞台下也是个普通的小伙子，但他一到钢琴前，那激情飞扬的弹奏状态，完全如入忘我之境……运动员、音乐家如此，画家、舞蹈家甚至工人都如此。

台湾的经营之神王永庆，他的工作气质超凡——一个人把他的专业发挥到极致，这个时候，他必然会显现出一种独特的气质，也一定最具品质的魅力。

钱莊　曾写过《爱上浪漫》等那样充满风尚品质的英伦才子阿兰·德波顿，偏偏还写过一本《工作颂歌》，他在书中说："工作是人生最享受、最持久、最有益的乐趣……我们置身于其中，去使人生臻于完美。"

车车 完美的工作才有完美生活。我们的企业文化里，有打造员工个人品牌这一条。打造个人品牌，首先就是要提升工作品质，成为品质员工，否则你只是一个平庸的人，一个俗人。

因为工作有情境，有互动，品质工作的状态，也就是带着思考地工作，因此品质工作才是唯一出智慧品质的地方。

工作的过程，也便是生命的过程；生命的过程，就是生活的过程。而品质工作的过程，不仅是快乐工作，更是享受品质生活的过程。因为生活的品质不是由财富多少决定的，而取决于我们的精神生活，取决于我们的生活态度，当我们把握好这样的尺度，我们才会拥有高尚的生活品质。

——形象一点说，就是如果你在品质工作和品质生活之中，身上会永远充满精气神！

The
WISDOM OF EXPERIENCE

智慧的源头一定是学习与体验

学习给我新生命

钱莊　早在10年前，你就在维也纳"国际组织学习协会第二届全球论坛"上，做过《学习给我新生命》的专题演讲，引起了与会专家学者的强烈反响。作为当时的同行者，今天我们再来聊一聊有关学习的话题，相信又会有新的悟道。

车车　为什么我要讲《学习给我新生命》这一话题呢？很简单，生在农村、小木匠出身的我，正是通过学习有了一个全新的人生。当然希望大家和我一样，认识学习的价值，积极学习，热爱学习，不断学习，这才是一个人获得新生命的唯一之路。

　　尤其在"知识经济"时代，技能、产品的更新换代日益频繁。经济学有"景气周期"的说法，而只有学习才可延长人生的"景气周期"。因为学习就是经验的不断累积。

2005年，我是作为中国民营企业家唯一的代表走上"国际组织学习协会第二届全球论坛"的，虽然在学习方面做了许多有益的事，但我真不知从何讲起。

前一天晚上，我躺在床上睡不着，还在想到底要讲什么。忽然，记忆的仓库里出现了一张我20多岁时的照片：很年轻，精力很旺盛的年纪，但我见到的自己却是头发蓬乱，套了件有毛领的皮夹克，像个小暴发户，完全没有自己20多年后的沉稳气质。

钱莊 这是一张真实的照片，但估计很多人，即便是你的老朋友也未必能认出你来。你的变化确实太大了。当然你现在的形象也是你自己设计的，正如你所言：造势先造形，这个形也包括外貌形、知识形和事情的形。那这些变化的根在哪里？

车车 归根到底两个字：学习。学习打开了我心智的大门，改变了我的人生价值观，从而彻底改变了我的人生。我由学习拥有了全新的生命。同样，一个把学习融入生命的人，也一定会获得新的生命。

于是，我第二天的演讲就从这张照片讲起，老外们一下子就听懂了，认识了我，也认识了中国民营企业家的成长之路。

中国民营企业家的成长之路，成功之路，本质上正是一条学习之路。

我是在社会上打拼漂泊了12年，尝尽了累、痛、苦、委屈后，到1994年才体会到"书中自有黄金屋，书中自有颜如玉"的道理，才下决心发奋从头学习，在发展中学习，在学习中发展，一步步走到今天。

以前有人问我成功的经验，我的回答是"勤劳＋诚实、实干＋巧干"，现在我则一定回答是"学习型企业"。

钱莊 学习其实不光是书本知识和技能培训的学习，你说过更重要的是在生活中观察、分析、总结和实践的学习，它还能再造人的生命。

车车 人的生命，除了时间、年龄这些物理概念外，有更深邃的内涵：生命的质量，折射一个人生命的价值；生命的空间，体现人的思维方式和创造性；生命的信仰，反映人更高层次、更高境界的精神追求——而这些，唯有通过学习才能获得。

还记得我16岁那年，从乡下来到城里打工，走路靠左靠右都弄不清。后来还是我二哥建林带我上街时告诉我，走路要靠右边。因为在乡间走路随便，不要分左右。原来这个也要学习。不学习，是没法生存自立的，甚至连路都走不好。凡事都有它的规律，不学习就没办法掌握它的规律。

我自身的巨大变化，在于灵魂深处发生了一场革命，这场革命的核心就是学习,革命的结果,是文化素质的提升。否则,我的生命就毫无意义。相信只要不断地学习,老天爷都会赋予我们一次次崭新的生命。

要说我现在事业上有点业绩,更得归功于学习。我讲过,贺龙当年是"两把菜刀闹革命",而我创业就靠学习4本书打天下:《孙子兵法》的"不战而屈人之兵"给予我营销智慧;《三国演义》的"挟天子以令诸侯"教我致力于大品牌的打造;毛泽东的《实践论》,更使我懂得了"理论联系实际",从实践中总结理论,再用理论指导实践;而《孙膑兵法》中的"田忌赛马",让我在困难时变换思维,永不言弃……至今我读过上千册书了,更体会到书是人一生的经验,百卷书就是100个人生理论、实践和战略战术思考的精华。

钱莊 你的话让我联想起一位专栏作家说的:"阅读是人类精神遗产唯一认可的继承方式。不阅读人可以活得很简陋;阅读,可以活得很丰富。时间是有密度的,方法只有通过阅读。"

车车 这句话讲得很好。老年人也不应放弃学习。哪怕你活到90岁,学习同样可以让你获得新生命。

大家现在都很注重锻炼,其实很多人不知道,除了体育锻炼,还有智力的锻炼。特别是老年人,好像到了这个岁数,大脑该休息了,让身体运动运动,为了健康长寿嘛。但千万不能把自己的大脑给遗忘了,用大脑才是养大脑。人退休了,但大脑千万不能退休。人到了60岁,心脏功能和体能都会减弱,所以要退休,过轻松一点的生活。但大脑一定要锻炼,最好的办法就是学习。我建议老年人每天至少要用1~2个小时读书学习,并结合适当的工作实践,像健身的功课一样。

少年或青年还要多培养自己的各方面爱好,光一个爱好满足不了,没有这个爱好,就会有那个爱好。有四到五个爱好,情绪、荷尔蒙才有释放的地方,才能成为精神的补充。我有五个爱好:一是工作的体验;二是读书、文化体验;三是研究人,特别是对于人类情感的体验;四是研究养生、运动的体验;五是喜欢吃,美食的体验。当然,这些也都需要学习。

不学习,就没有新的东西进来,思维就不能不断被激活;思维不更新,就会变得迟钝。小时候我们常会听到"大脑生锈"之说,其实是大脑麻木了,脑神经利用率不高了,新陈代谢少了,指挥系统也会失灵。人的细胞可以再生,但大脑和神经麻木了,就会直接威胁生命。

钱莊 对,现在的俄罗斯人都把阅读称之为"气质瑜伽",特别是女性。她们认为"天生丽质",不如"腹有诗书"更靠谱,所以读书有着美化内在、扬升气质的独特功效。

莫做精神上的"睁眼瞎"

钱莊　昨天谈的基本是你个人的学习之悟，今天我们聊聊团队学习。记得你说过，团队学习还是一种思维语言的培养。共同语言也是可细分层次的，譬如有生活语言、精神语言，而真正通过导入情境共同学习形成的默契，可谓灵犀语言……

车车　学习型团队，就是个人学习与团队学习共融。我现在还发明了一个说法：团队学习与学习成果分享，它是企业文化上的股份制。

这里有一个案例和大家分享：2010年我与同事一起去了威尼斯一周。我随身带的5本书在等飞机和旅途中都看完了。特别是在飞机上，13个小时的航程因为有书的陪伴我觉得很舒服。其他几位同事只是一起出去看风景和艺术展，却没有看书。这本无可厚非，但问题是看过书的我，再看其他，感觉就不一样了，思考的问题也不同。否则，你可能仅是与静止的景，或者原来的事物，产生一些联想，无法体验到那种深度联想的快感。于是我感到自己的内心世界和他们相比起来丰富了很多。

由此我生出许多感慨：一天不学习，其实眼睛就好像被布蒙住了一天，看不到东西了，或者就是靠记忆，但看到的还是同样的东西。那不就成了精神生活中的睁眼瞎子嘛！

9年前我去过法国的卢浮宫,2011年又去了一趟,尽管看的东西一样,但得到的东西就大不同。因为这几年里我学习了。如果两次看到的、得到的感受完全一样,人肯定就没有进步。

哈佛大学有一个著名的理论:人与人之间的差别取决于业余时间,而一个人的命运决定于晚上8点~10点之间。每晚抽出两小时用来阅读、思考,或参加有意义的演讲、讨论,就会发现,人生正在发生改变,坚持数年之后,成功会向你招手。业余时间虽似不起眼的涓涓小溪,但只要加以充分有效的利用,就可以汇成江河大海,成就事业。

钱莊 80多岁的李嘉诚,现在又被称为"IT时代的新资本家"。晚上睡觉前必看半小时新书,是他几十年保持的一个习惯。他说:"科技世界深如海,当你懂得一门技艺,并引以为荣,便愈知道深如海,而我根本未到深如海的境界。我只知道别人走快我们几十年,我们现在才起步追,有很多东西要学习。"可惜现在还是有许多人自认为已是饱学之士,无须再学习了;甚至有人谈学色变,逃避学习。

车车 许多人没意识到,不学习的影响,工作三年不及一年。学习,就是要像我小时候看到的牛吃草一样,见到草先饱食一顿,有空时再从肚子吐到嘴里,慢慢嚼,不断嚼,不断消化吸收知识。学习,就是要消化知识并吸收进自己面对的事物中。学习会增加

4分力：一分上进，一分德，一分心情，一分技能。同时还给人生带来4种修养：文化修养（基础）、艺术修养（才情）、哲学修养（智慧）、品格修养（胸怀）。

不仅我的成长得益于学习，企业、我们团队也完全受益于学习。企业有些问题，不是光靠制度管理能解决的，而我们用团队学习，企业就改变了许多。特别是激发了灵感，产生出无穷的创新力。

一个团队是一只大染缸，光引进人才没用，首先要改变染缸的品质，而改变的最佳途径就是团队学习。彼得·圣吉的"五项修炼"理论中最精彩的也正是这一项。

1994年的时候，我们企业的人力资源基础还很薄弱，企业员工都是一批有实战能力的初中生、高中生，但文化素质不行。于是，我就下决心引进了一批大学生。结果呢？谁都看不起谁。大学生看初中生、高中生文化水平低，是"土包子"；初中生、高中生觉得大学生根本不懂业务，不会赚钱，是"绣花枕头"，彼此不买账，管理陷入了僵局。

那怎么办？最后，我采取的办法就是让大家去学习。我让他们分别结对子，互相学习，交叉学习：初中生、高中生向大学生学文化、学知识；大学生向初中生、高中生学工作一线的业务技术，加上共同交流。结果意想不到的奇妙，通过一段时间的学习后他们通过这一方式，竟然相互之间多了理解，各自的素质能力都得到较大的提升,团队也和谐了。我的企业这个"染缸"就变成了创新和互补的"孵化器"。

钱莊 这就是团队学习的力量。其实在生活中,一个家庭也需要实行团队学习,记得你讲过体会:譬如一个三口之家要看电影,最好是一起看。否则就会少很多共同语言。如果一人看两人不看,或两人看一人不看,很可能会因体验不同而导致争吵。

车车 对,家庭成员也要一起读书,读同一本书。一种书买三本,三人一起读,会有奇特的感受。我现在看的书,会同样买三本,送给我的好朋友看,这样朋友间就会增加共鸣。学习是要养成习惯的。

有一年大年夜,吃饭时我问一位表弟:"你今年看了多少书?"他回答我:"一本。"我听后大吃一惊,我说:"一年至少读10本才算读书。"之后我为此进行了一番思考。如果没有读书的习惯,而每天强迫自己去读,一定是很痛苦的。其实读一次往往很吃力、很痛苦,而读20次反倒会感觉轻松愉快。

学习其实是可以非常快乐的,有许多方法,这里就先同大家分享我的7个快乐学习法,常用此法,会让你更快乐地去学习。

1. 与水平比自己高的人交友。"听君一席话,胜读十年书",通过愉快、长期的沟通,从中能感悟出新的元素,并将此成为激发全新力量的"因"——这一条已列为我们红星美凯龙企业文化的精髓。

2. 养成多问"为什么"的习惯，在生活中、工作上都要善于探究问题的本质。一边学习，一边总结，包括向反面（失败）案例的学习，甚至身边熟悉的人或发生的事，会更刺激你反省。

3. 在实践中学习。这必然会丰富经历，提升能力。彼得·圣吉说："什么是学习？学习就是在工作中思考，在工作中总结。"毛泽东也说过："读书是学习，使用也是学习，而且是更重要的学习。"有些人书读了很多，但老不成功，关键是没使用，没活用。更要注重在实践中学习，学习中实践；实践中找理论，理论指导实践的循环。缺什么学什么，只学有用的，学习的成果就成了学习的动力。

4. 与书的作者、书中的人物对话。把书当成自己的好朋友，在对话中彼此交流、谈心、欣赏。歌德说过："读一本好书，就是在和高尚的人谈话。"而且它是具有强大的辐射效应的。

5. 即时联想与即时分析。这常常能使人具有发散性思维，举一反三，触类旁通，从而提高创造力、创新力。

6. 运用讲故事、听故事的方法学习。通过案例教学，借他人之鉴；在幽默中享受轻松学习的乐趣。

7. 看有意义的、与工作生活相关的影视作品。这也是学习社会经验、感悟人生阅历、提高自身素质修养的好方法。

学习还能促进人对工作的认真投入,会培养你的紧迫感。人往往由于自身的弱点和习惯,时常会出现神散、模糊记忆等障碍,但学习的过程就是让你凝神、聚焦。

钱莊 不想做精神上的"睁眼瞎",唯一之选:注重平时的学习! 学习是汲取成功者的智慧,从中掌握面对挫折、失败、困境的技术,把握人生中的大规律,从而成为精神世界的"千里眼"。

学会体验才能拥有当下

钱莊 为什么我们可以坐在舒适的沙发上,喝着可口的饮料,对着纯平的电视机屏幕看世界杯足球赛,却还总热切向往去南非的比赛现场? 为什么我们完全可以在电脑上安心地浏览世博会所有场馆的精妙,每天却还有几十万的观众,要在炎炎烈日下拥挤在世博园区呢? 应该不仅是为了视觉的满足吧?

车车 其实就两个字:体验。世博会无论是文化艺术,还是科技,都是体验式的情境展现。体验是一种不在情境之中你无法企及的感受,它需要氛围的催化,是一种全身心的感知。学会了体验才能拥有当下。

就像我们去旅游,你到了某个景点,但只是漠然地看看景观,这有什么意思呢？这会给你留下什么呢？我们到大自然中，就要去倾听它的呼吸，或者看看蜜蜂采蜜；去拥抱一棵大树，或者靠在树边眯一会儿；当我们来到河边，就要用手去溅起它的水花，用水抹一下脸；我们来到山林旷野，可以躺下来触摸山上的石头，甚至高声呼喊与之互动……让大自然抚摸我们的身心，这才是体验。

这样的话，可以说是你的心在哪里，情境就在哪里，风景就在哪里。这就成了视觉的、嗅觉的、味觉的、触觉的和感觉的整体体验。

王石喜欢登山，其实他是要借助山这个载体，来进行自身勇敢与生命意志力的体验。我现在有空去练习瑜伽，办公室里还置了张专用的椅子练习打坐，就是为了一种心灵宁静与净化的体验。

钱莊 生活中亦如此，譬如结婚的时候，女方就要借助婚纱来体验做新娘那种甜蜜而羞涩的感觉等。

车车 对，体验是要有行为的。体验爱情，你在爱人烧饭时从后面轻搂住她的腰，你在后面唱歌，她在前面炒菜。她拖地时，你抱住她的肩。体验亲情，你就要帮父母做饭、买衣、梳梳头，带父母去桑拿一下，搓背敲背。如果你去给父母买衣服，一边买，就一边体验孝的感觉；买回家，还一定要帮父母穿到身上，让他们通过穿衣服的过程来体验子女的孝，而不是光给钱。

你要让小孩子体验长大的感觉,比如有什么东西要买,最好争取让他自己去买,这样他就会体验到买卖的乐趣。我们都会给孩子压岁钱,让他有自己的钱了,可以去买东西体验一下这个消费的过程,将来才会了解消费者,了解消费者对于产品的认知度、感受度。特别要让孩子体验做家庭责任人的感觉,譬如布置居家空间、搭配衣服、选择旅游地、选择商场购物等都让他(她)参与甚至作主,加上平时多让其猜事物、推理事物,都可以增加孩子的财商。

体验还是需要学习的。记得7年前,我常到上海南京路的理发店去理发,过去我坐在那里好长时间,总会有些不耐烦,但那天剃头的苏伯乐师傅跟我说:"理发是一种享受,你要好好享受它的过程。"我忽然就真的感到,理发的过程其实是很舒服很享受的。开始以享受的心态体验,这就是学会了体验。

之后,凡是刷牙、洗脸、开车等,好多似乎繁杂琐碎的事情,我都会边哼哼歌边做,开心地体验着属于我独有的当下享受。现在好多人,有了房子要装修,都觉得烦、累、苦,把它当成了枯燥任务而烦恼不堪。其实装修房子就像女性化妆、梳头一样啊,夫妻共同为营造新巢而付出,可体验到非同寻常的快乐;又像十月怀胎,没有艰难的过程就不会有亲情体验的深度。可以说,装修布置品位居家是情感提升的载体。

当然,生活中你不可能所有的事情都亲临其境,但我们都可以学会体验的方法，用情境的想象去模拟那个氛围，去感知当下。我一直认为，导演是最懂生活的，因为他跟演员说戏，就是给演员模拟生活，体验观众。

体验不是目的，体验和感知都是工具。当你掌握了这个工具，你肯定就会拥有与众不同的超越。

这个工具的两个端口是推理与遐想。推理是有一定的依据和经验的，对需要体验对象的发展变化过程进行形象的分析；遐想便是根据点点影子展开联想与想象，甚至是天马行空式的浮想联翩。这就是经验＋想象＝创造情境。

钱莊 比如读书，其实也是最好的体验。书本会创造一种情境，会读书的人，就善于在这个情境之中，去体验作者的情绪、情思、情景。

车车 体验的形态很多：观察—分析—假设—联想—感知与体验，如此你就可以作出初步的判断了；再循环往复一次，又会有新的感知和体验。这叫多重体验。还有预测性体验，对未知的事物可以作几种结果的假设，那会让你避免许多不必要的失误。

更有效的则是实景体验。把你观察到的情景在自己的大脑里模拟再现，把它变成三维的立体空间，这样你的感受就会很真切，很到位。然后，经过比较、思考，我们会找到更好的方法、更好的答案。

当然,还有挫折的体验。有时候一点小小的不顺利,反而会让你体验到大的收获。好几年前,我在北京的机场就有过一次航班延误的体验。原本晚上8点飞南京,结果晚点到深夜12点。一会说要起飞,一会说飞不了,折腾到最后只好在机场的宾馆住宿。凌晨3点又把我们叫醒,说可以去机场了,但还是到早上8点半才正式起飞。我一夜没睡好,上了飞机当然没精打采——但就此,我碰到了邻座一位和我同样没精打采的女士,本来我和她不会多说什么的,但彼此在误点之时无奈的交流中好像很谈得来,竟变成了一对同患难的朋友,特别是在交谈中我意外发现了新机遇、新价值——对方后来成为我项目的介绍人,而这个项目获得了10个亿的回报。现在,我甚至希望多享受"误点"的体验了,这样我可以全心地读书。这种状态下,往往会获得意想不到的价值体验,我把它称为"误机的隐价值"。

钱莊 其实,我们每天都在体验之中,但这不等于我们每个人都有体验的习惯。

车车 成功者必定是从体验者起步的。

过去有句话,叫作"在游泳中学会游泳",其实也是告诉我们,在感知中学会感知、在体验中学会体验的道理。当然,我们更要学会体验困难。真正体验了困难,也就等于在体验希望,因而才能战胜困难。

学会体验的关键是体验自己要什么:了解自我,了解他人;感悟自我,体验他人。

更重要的是体验他人的体验

车车　昨天谈学会体验,其实特别要学会的是:体验他人的体验。做企业,做管理,做营销,对人的认知与研究很关键。当然在生活中也如此。你想拥有一种好的生活,必须关注你周边的人。第一步体验他人,把别人的事当作自己的事来体验,第二步体验他人的体验。

钱莊　人与人是不一样的,这种差别,就构成了一种认知的空间。所以你常常在重要的会议上,要强调感知他人与感知自己的关系。记得你有句经典的话:"感知别人的感知,体验别人的体验。"

车车　是啊!讲个我儿子还在读初中时的故事。

有天晚上,我带平平在小区内跑步。当时他性格还比较内向,而我性格比较外向,我希望他也养成外向的性格。于是我一边跑一边高喊:"一二三四,一二三四!"我说:"儿子你也跟着我喊。"

平平却对我说:"爸爸,现在是晚上快10点钟了,如果你睡在床上听到有人这么喊,你是什么感受啊?"

我当时就愣了一下,我说:"你这个意见非常好,你能够感知别人。"

感知别人,不仅是一种意识,更是一种能力。尽管他还小,但已经具备了这方面能力,那他将来加上专业知识,就肯定会成功。

其实懂得体验对方,本质上就是一种换位思考的思维模式。

钱莊 对,你发展到今天,究竟厉害在哪里? 除了即时分析能力、成就感的引擎和模拟思维,还有一个就是这换位思考——

车车 是啊,换位思考太重要了! 一个优秀的政治家一定要与老百姓换位思考,即想百姓所想;一个外交家也必须与对手换位思考,争取在博弈与妥协中合作双赢;当然,企业家更要同消费者换位思考,即想顾客之想,忧顾客之忧;还要与员工换位思考,思员工所思。

展开点说,我们做商业零售,要特别善于感知消费者的喜怒哀乐。特别是他们的需求烦恼和他们的抱怨。如果我们不能感知这些烦恼和抱怨,其他的做了等于白做。

我请从宜家退休下来的副总裁高让先生做了顾问。他年轻时在美国做宜家店长的时候，星期天就在宜家的停车场帮人家搬家具，还指挥停车。在这个过程中他就问人家：你为什么会到宜家来买家具？你对宜家有什么看法吗？他真正在体验、感受的时候，人家才乐于告诉他真实的想法。你要是在路上拦着人家，问："你为什么来红星美凯龙买家具装修材料？""你对红星美凯龙有什么看法吗？"人家会不会说真话？没有直接感受和体验的所有采访信息都是不真实的。

我们首先要体验的，就是顾客的商业诉求，譬如说他的信任度，产品的品质、多种款式对他的吸引力，购物过程的便捷程度、产品的价格，以及他在这个商业空间情景里整体的或者局部的感受……这些，我们的管理者、经营者都要很好地去体验，才能把我们的事业做成。

钱莊 正如一个政治家，如果不了解百姓和企业、下级的喜怒哀乐，就不是一个好的政治家；一个演员如果不了解、不体验观众的感受，就不是一个优秀的演员一样。

车车 这要形成一种习惯，形成这样一个换位思考的思维逻辑。领导者更要善于感知别人，这样才能体会别人，才能抓住别人的心。

我有时候会故意去乘地铁或打的，因为我想了解消费者的状态。真正体验对方的感受，这就叫设身处地。通过观察分析体验他人的喜怒哀乐，甚至模拟他人，并善用语言和肢体语言，让对方也体验到我们的喜怒哀乐、酸甜苦辣，这样会让双方很快了解和理解彼此的情感和情绪。

钱莊 我发现你特别能感知和体验对方。在与人交往方面，不少人认为你是因为聪明、反应快，成功率才如此高。其实你有一个法宝，就是对对方的感知与体验。

车车 可以这样说吧。我们搞外务，目的是合作成功，要合作双赢，当然首先得沟通。那么沟通的基础是什么呢？就是体验他人的感受。

譬如说，一个远道而来的客户，已经坐了很长时间的飞机了，他的感受是什么？是疲倦。如果你马上就把他接到公司会议室里，然后急吼吼同他讲方案、谈条件，你说，可能达到效果吗？不可能。你忽略了对方的感受。

当然这是最浅层的体验。可能你自己是工作狂，但你不能把他也当成工作狂。当然他可能也是工作狂，你若为了让他解乏，给他安排大量的休闲项目，他可能也会不高兴。怎么判断？通过你的观察，去感知他的感受，去体验他的体验啊！

就是在家庭生活中，你要创造和谐幸福的生活，那夫妻之间、父子之间也都应该换位思考。其实不仅要与人，还要学会与物换位思考，把自己物化，把物人化，用模拟思维的方法来进行思考。

譬如，我看到商场地面上有一块破损的地砖，我就马上会把自己变成那块地砖，那我就会像受伤了一样的非常难受，马上就希望修补得整洁明亮。再如，当我看到窗外的植物，我往往就会把自己换位成一棵树，或者一个盆栽，植物它是没有主动行为的能力的，没办法到河边去喝水呀，植物的我一难受，人的我就会知道加倍地去照顾它、浇灌它、呵护它，其实对于物的创造，正是人与物换位思考的结果。

钱莊 所以，古时有"物我两忘"的说法嘛，你今天不仅讲到人之间的换位思考，还讲到与物换位的思维，可以说达到了体验的高境界。

车车 体验别人的阅历，可以增加和提升自己的智慧。通过别人的经历来实践自己的经历，等于经历了数倍。体验他人的感受，就会多一份对人性的了解与洞悉。甚至，去体验你的竞争对手。在体验中先过招，不就知己知彼、百战不殆了吗？

总之，一个成功者，或者说成为某一个"家"，他一定具备强大的换位思考能力，一定是换位思考的高境界。

"当下"是"今天"的一万倍

钱莊 你很强调"当下"这个词，提出了"当下体验，当下解决，发挥当下，吸收当下"的"当下说"，把"今天"和"当下"讲得非常透彻。很多人在这个问题上还是有误区的。

车车 一天有24个小时，每小时有60分钟，每分钟有60秒，我们要抓住的是每一个86400秒之一的当下。许多人认为今天就是当下，当然有今天的成分，但我说当下就是现在这一秒钟，是此刻。相比较之下，今天则太漫长了，因此当下的效应应该是今天的1万倍，而对于明天呢？它就是8万倍，对于后天更是20万倍！

我们早年的企业文化中有一条"行动从第一秒钟开始"，就是在强调抓住当下。

当然今天是当下的平台，所谓"抓住今天的成功"，是我活了46年的心得，也就是抓住当下的力量。

钱莊 有的人往往想的是，我过去怎么样怎么样，将来我要怎么样怎么样，却从来没有珍惜当下的分分秒秒，做好当下的事。

车车 任何事情都要一步步走，今天成功了，明天才会慢慢地成功。个人发展上，放弃今天的成功，也就是放弃明天的成功。放弃了当下的每一秒，也就是放弃了现在。星云大师曾说："懂得利用时间的人，便是懂得生命的智者。"

今天的成功带来什么？带来别人的认可，这还是小的方面，更重要的是自己的成就感。自己的成就感是大脑的营养。有些人不重视今天的成功，总是想，明天再开始努力、再开始奋斗。

多年前有个丹阳的女孩子想成为画家，有次她跟我说："车总，我准备10月1日开始奋发图强了。"我对她说："你肯定不会的。因为十一刚好是黄金周，那么你肯定想休息，不想干活，想等假期过完再说，那就10月8号了。而10月8号不是个整数，你肯定想我元旦开始，一定要发奋了。但是元旦又休3天，于是就1月4号了。这个日子又不太好。于是肯定就想那就到春节正月初一再开始。正月又是假期。那么就推到春节过完，正月十六。这个日子也不太好，于是又往后拖延，就永远也不会发奋了。"

人总是给自己很多借口。我问她："今天几号？"她说5号。我说："那你写下来，就从9月5号上午开始，今天的现在就开始发奋。你晚一个月干吗？应该从此刻，几点几分开始！"

钱莊 这个例子太典型了，生活中很多人很多时候都是这样的，问题出在哪里呢？一个是意识，一个是习惯，当然关键在于意识。

车车 就说女孩子要减肥，也一定要从今天开始，从当下开始。很多人都会说明天开始吧，但明天又会有新的念头。说了做不到会很痛苦的，也会对自己的心灵失去信誉。

其实这个当下时刻我们自己完全可以把控。

你想,你结识了一个女孩子,想同她谈恋爱,估计就不会跟这个女孩子说我们晚几天再开始谈。你肯定恨不得马上就谈吧?自然就不肯不抓住当下了。

但在单位里,即使工作得不顺也总是被动地对待,他会想这个领导都对我这样了,不认可我;或者认为这个问题的发生非我的专业,再或者是运气不好,我干吗还要好好发奋?等换了一个领导再说吧。也不去沟通,更不去争取,或者争取了一次,就不再争取第二次、第三次了,就这样拖延,找借口,归因于外界。自己总给自己找理由,永远有借口。

今天会有今天的困难,但是今天的困难要今天解决掉,这一刻的事情一定在此刻解决。我的习惯是明天的事情今天想好,能做掉今天就做掉,不能做的今天想好明天怎么做。

人如果活在过去和未来的压力中,不在当下,就没有快乐可言。有本书叫《专注的快乐》,书中讲了一个十分专注当下工作的电焊工乔,他不仅每天白天在工作中非常投入,总像园丁呵护花木那样维护他的机器;到了晚上,在梦中他都能开心地梦见白天机器零件的结构,从而每天内心会产生一种非常愉悦的"心流"。当下给了他巨大的快乐。

钱莊 活在当下,才能获得真正的幸福。生存即拥有,活在当下,就拥有当下这个世界。埋怨和应付是人最大的损失。

车车　像有的人，睡醒了赖在床上不起来；身体亚健康却不肯锻炼；小病拖着不看医生；在做工作但并不投入；明明能力够不上还死要面子硬撑，连自己"吃饭"的技能都不肯花时间去补、学、练……其实都是在放弃当下而享受痛苦，或者说是在享受他自认为快乐的"伪快乐"。

人如果老是在回想过去和幻想未来，那就没有当下的生命，就是在实现负生命。

请把当下意识作为一种习惯

车车　"请把对当下时刻的意识作为一种习惯。"

当然这句话不是我说的，是那本超级畅销书《当下的力量》的作者，一个叫埃克哈特·托利的德国人说的，我觉得这句话讲得非常好。

人缺乏或丧失了当下意识，是懒惰的习惯在作怪。人懒惰的后果是什么，就是大脑懒惰了。人手懒惰了还不要紧，但是大脑懒惰了就很麻烦。人其实本性中是有懒惰的，这在某种程度上说也是好事情，人要想懒惰就要逼迫自己去动脑筋、想办法，就要去创造,可以说通过大脑的勤快去满足手足的懒惰,工业革命就是这样被推动的。

有一次休假,我与几个同伴打了半天牌,我发现,有个人打牌精力不集中,结果当然是输牌了。于是他得到的是,自己的挫折感和合作者的埋怨。这给我一个启发:就是他根本不在当下,当下就是全身心的投入。连打牌的娱乐都不能投入,那工作一定更不会投入。有赢的愿望还不够,关键是要培养赢的行为,要把赢的意愿化到赢的行动中。身心投入才是一种必须的习惯。

钱莊 不能进入当下的情境,也可以说是当下能力不强的表现。而放弃当下,就放弃了成就感。

车车 养成"当下习惯"的原动力是勤劳。我们家原先是农村的,一家都是种地的农民。对于农家来说,"一年之计在于春,一日之计在于晨"此类的话,就是"抓住当下"的意思。

特别是我母亲,她可以说是"勤劳当下"的楷模。那时母亲一个人要种7亩地,每天天刚亮就下田干活了,而且去时挑满肥料,回来时担里又装着用于垫猪圈的土块或农作物,从没空担。正因为过于劳碌她过早去世了,但她身上那种"当下的力量",教给了我们第二代、第三代人来秉承、延续。

田里的庄稼是一天一个样,今天不收,可能明天下雨就会被冲

035

坏，没办法不抓住当下呀！现在我把它运用到科学管理上，运用到生活哲学上，仍是真理。

很多想办的事当下不办，大脑就会淤积，还会不断跳出来错乱思维。

人是不能控制过去，也无法控制将来的，人所能控制的只是此时此刻的心念、语言和行为。从某种意义上说，过去和未来都不存在，只有当下此刻是真实的——这也是赵朴初先生所讲到的"当下定律"。所以怀着正确的心态积极地做好当下，把修造命运的专注点放在当下，命运才会于不知不觉中向好处发展。

钱莊 开始提到的《当下的力量》，它被誉为最具影响力的心灵之书。书中有这样一个情节：在一个浓雾弥漫的夜晚，你一个人独自走在路上，你有一个光亮很强的手电筒，在浓雾中开辟了一个狭窄而明亮的空间。浓雾就是你的生活情景，它包含着过去和未来；手电就是你的意识所在；明亮的空间就是你的当下时刻。

车车 所以我们每个人都要紧握住当下的手电筒啊！

一天天就这样过去了，我觉得我们每晚都应该想一想：今天到底做了什么？对自己的成长有什么帮助吗？每天都想才会进步。每天都要反思，反思过后要每天进行改进。正如荀子之言："君子博学而日参省乎己，则知明而行无过矣。"这要作为一种习惯。

要是一个人每天下班都在想,我今天又少做了事情,多舒服,一天就混过去了,这就很危险,他很快就会完蛋了。你想一想,丢失了当下的手电筒,还会拥有明天的光明吗?

人是人的外因

钱莊 人是人的外因,这是经常听你讲到,我也非常认同的一句话。你还有一种说法:"人是人的环境。他人是你的环境。"

车车 环境有自然环境和人文环境,人文环境就是你相处的人。你从出生到成长过程中所不断接触到的各色各样的人,构成了你的外因。

人生的四大要素:价值观、思维方式、情商和行为方式,其实很大程度上来自外因的作用。

我曾和彼得·圣吉请来的一对美国人力资源专家老夫妇聊天,我问他们:人成长的内因和外因是什么?他们没听懂,我问了三遍,翻译翻了三遍,才终于听懂了。

专家说,人的成长只有外因没有内因。你所在的自然环境和群体环境就是你的外因,它会影响你。小时候,你的父母就是你的外因，父母亲懒洋洋地培养出来的孩子肯定没活力，父母亲勤劳正直，孩子肯定正直朴实。《时尚家居》的主编殷智贤说："一个高素质、高品位的母亲可以影响九代人。"长大后，你交往的朋友往往就成为了你的外因。

内因叫遗传，外因就是影响，外因绝对会影响你的思维性格。就像我的孩子，儿子平平现在分析问题，注重即时与深度，会盘算得比较透彻；女儿露露呢，她分析问题，则更偏重即时，自信加上果断，更多凭直觉。我觉得这两种思维好像都是受了我这个外因的影响，因为我让他们从小就与我一起思考和分析问题。

钱莊 思维性格是否也有血缘的因素？过去我们总讲，外因是变化的条件，内因才是变化的根据。对于个体间的差异，内因完全不起作用吗？

车车 美国做过一个实验调查：有一个家族，前面的11代，有1000多人吧，居然大多数是小偷，还有杀人犯，最好的也才是工人。后来人们把他们第12代的100个孩子，分别让100位教授收养。结果几十年后，这些孩子都成了社会的精英，其中有一个成了国防部的副部长，教授级的有30多个，至少也是警察和教师。他们性格大部分也是由外因作用而形成。

由此可见外因的力量了吧！这是一种外因的正面能量。文明的环境和精细化的习惯，都可以成为外因。

你说有内因吗？没有内因。或者说如有内因的作用，它也根本无法与外因抗衡，尤其是在当今社会，个体间更大的差异是来自外因的作用力。一个人从幼儿园开始到小学、中学，接受的都是外因的影响，具体而言包括老师、同学，将来是异性、对手和朋友。价值观、积极心态、思维逻辑、成就感，包括遇到挫折后的处理，敌对与欣赏，表扬与侮辱等这些外因会对你影响极大。

钱莊 未来外因的影响可能更为巨大，从这个意义上讲，人的成长和成功更多要关注和研究外因。因为人刚出生时的环境差别在逐渐缩小。

车车 人的一生其实是很狭小的一个圈子，成功要看谁的圈子素质高，而不是看数量多少——这个"10-30-60"定律是我有一天无意中在手机短信上看到的。

这一定律出自一个调研统计结论：对绝大多数的人，遇到困难时可以开口借钱的人，不会超过10个；紧密联系的人，不会超过30个，其中还包括上面的10个；而常联系的人，不会超过60个，其中还包括上面的30个。这一定律无疑告诉我们，这60人的外因群的素质和能力，也许将成为你成功或失败的决定因素。

哈佛大学的教学宗旨是学生的回答要比老师的好，这点学生们做得很好。因为你认识了一个比自己好的同学，同学就把你同化了，当然前提是你不依赖他。你虽然很优秀，但要是一堆同学比你差，最后你也会退步，这就是我们常说的"染缸效应"。一旦这个圈子差的比好的多，差的就会同化好的。只要你有好的朋友在身边，就会产生共同的价值。

再讲一个故事：有个很大的原始部落，那里的人都很野蛮，整天斗殴，也不穿衣服。有位英国的绅士了解到这个情况，就带了部放映机过去，他本身是个放映员，就每天为那里的人放一场宣传文明的电影。慢慢地，当地人开始穿衣服了，帽子也戴正了，言行举止文明起来……

可不久，当地一个地痞见大家都很听英国绅士的话，不服气，也设法搞来一台放映机，可他每天放的都是混乱的、邪恶的内容。于是部落的人又回到了原先的样子，又变得野蛮了。但那位英国绅士还是坚持每天放文明的电影。一年过去了，两年过去了，终于，那些野蛮人又逐渐改变，开始走向文明。

这就是外因的引导力，也是人文环境的影响力。人与人的交往，本质是一种文化，外因其实就是文化感染的力量。

假如是老穿皱衣的小孩

钱莊 你在《成长哲学》里说到了"另一面镜子"的反弹，记得你还讲过一个老穿皱衣的小孩的故事，我觉得挺有意思。

车车 故事是说,有一个小朋友,从小对穿衣服不在意。主要是他妈妈觉得孩子小,又不要讨老婆,衣着外表根本无所谓,就从来不关心、不重视,给孩子穿的不是皱衣服,就是脏裤子。于是,别人都认为他笨、脏、卑微。这个眼光反弹给他,小孩就觉得自己很脏、很卑微,他长大后还是很自卑。因为自卑,他小时候学习就很差,工作了也什么都做不好,生活也总是不顺。这个自卑,成了他永远的精神镣铐。

这个故事其实是真实的,而且在生活中还很常见,本质同思维有关,但今天我要把它延伸到教育观念来讲。

钱莊 在教育中,孩子的自我认定是一个关键。而最关键的,是影响、引导、启发,而非说教。

车车 孩子的成长更多还是靠自信,靠他人眼光的肯定,靠被激励的感觉。即使是大人,遭受的挫折太多了,对他的心理健康也不利,对其成功也有阻碍。

爱因斯坦小时候成绩很差,老师认为他笨,大家都认为他笨,而只有他的母亲固执地认为自己儿子最聪明,老师才是笨的。这位大师就是在母亲这种信任与激励的目光下,成长起来的。其实这也是一种"深信定律":一个人深信积极的事物会发生,那这个事物就一定会发生,关键是要深信。

对于如何开发孩子的智商与情商，我用心琢磨过。在家里我会故意装笨来教育我的孩子，装得什么都不懂，完全大傻瓜一个，先静静地听他们讲话，等他们统统讲完了，再表扬他们的优点。现在儿子和女儿见到我就说我真笨，其实他们不知道我是装的。现在我装笨的水平更高了。我的思维比他们慢一步，他们的思维就变得快起来，表扬了，他们下次思维还要快。

钱壮 教育孩子，装笨好像是你发明的高招嘛！你自身的言传身教，也会使他们更聪明、勤劳。

车车 再说一个我女儿的真实故事。

我女儿现在在多伦多读书。记得她小时候，我带她去欧洲旅游。有天黄昏时我们一起回酒店，途中她不小心让手里一个空矿泉水瓶滑到门口的坡下去了。过去她妈妈总给她讲有关环保、公益的道理，当时我故意说："算了吧，反正是空瓶子，天又暗了，也没人看见，再说这个小山坡下还是个坟地呢。"可女儿二话没说就奔下去，把那个空瓶子捡了上来，而且还很自豪地批评了我："妈妈不是一直教育我们不要乱扔东西的嘛！"

至此，我的目的已经达到了。反过来想，如果大人当时首先责令她去捡，或者还要再次重复一通大道理，结果可能就适得其反了。当她捡上来之后，你先自我批评再不断表扬她。你想这样的效果会不会更好？

钱莊 你利用了小孩的逆反心理，成功达到了教育的目的。可惜现在很多家长都不善于这么思考和处理。

车车 教育孩子也是法无定法。我是结果论者，实践证明，我装笨是很有效的方法。就是在公司里，管理者也不必事事在下属面前逞能，甚至也可以装笨，这样反而会让员工们聪明得更快，成长得更厉害。否则，什么事情你都快一步，到最后他们就没积极性了。

教育孩子还有一点，就是要注重思维环境的营造。要知道，孩子的思想是无法超越他常接近的那几个人的思想的。所以父母要常带孩子到各种优秀人物集中的场合，他会有不可思议的变化。

让孩子从小接触优秀的人，其实也是帮助他通过找偶像来设立目标。孩子学习上的动力，更多来自于目标，而非兴趣。你想现在有多少孩子读书的兴趣真来自内心呢？

除了思维的软环境，教育或者说培养孩子成长，还有硬环境的问题。

我是搞家居的，就家居环境对孩子的影响做过研究。我认为，如果是一个男孩，那他生活的空间，就一定要布置有诸如飞机、兵舰、枪等模型，或者足球、篮球等运动器材，让充满阳刚之气的氛围帮助他增强男子汉的自信、个性、勇敢。

假如是女孩，则要多放些花、漂亮的洋娃娃，挂个风铃之类的小道具，让这个屋子的环境很温馨、很优雅。她的气质就会潜移默化地往这方面接近。洋娃娃的发明，与英国贵族淑女的气质塑造有很大的关系。

可惜现在很多人对孩子成长的居家环境还不够重视。当然培养孩子的素质，还应该带他多去听听音乐会，多去看看美术馆，有条件还可以多出国开开眼界。

再回到开头那个穿皱衣服的小孩的故事上来，如果那个孩子的妈妈，给他穿得整洁些，让他的形象改变些，老师和同学对他的看法肯定会不一样，当然他以后的成长也会与原来有天壤之别。

钱莊　现在很著名的日本艺术家村上隆，就是因为十多岁时，他父母带他去参观了一次画展，而从根本上改变了他的人生轨迹。

车车　注重反弹影响，尤其是家长们，千万别让你的孩子老穿皱衣服！要用心为孩子设计发型、搭配好服装，而且每天帮他们把衣服熨烫平直，让他从小就懂得体现独特的个性之美。

好习惯形成加速成功的"链"

车车　昨天讲到习惯。其实习惯不是孤立的，而是成功链上一个个紧扣相连的环。好习惯会带动好习惯；不好的习惯，也必然将带出坏习惯。

所谓水越流越清，朋友越交越亲，知识越多越要。同理，小孩的学习不是一天变差的，婚姻关系也不是一天变坏的，企业也不是一天做大的，其实这都同习惯有关。

钱莊 习惯是一根加速成功的链。昨天你已经谈到了理想和目标这两个环，记得你还讲过：选女婿就要选有理想的人。

车车 理想会带来有事业心和责任心的习惯，好品德会带来善良与正义感的习惯；好奇心，它会让你养成不断去发现、去思考、去探索的习惯；而好胜心，会让你从小就培养出争强、自立、进取的习惯。

我们常说这个人勤奋，勤奋其实不是意识，而是一种习惯。现在我又把这修正成勤快。人勤快了，就爱动，会先动脑，会快速反应，会爱说，就会充满活力。勤快更有一种速度感，还有一种快感。

人际交往上，好习惯往往决定着成败。注意自己的行为举止及装束，这是尊重人的习惯。

注意事物的反馈，不让对方有压力感，都是良好的外交习惯。我往往是"一只眼睛"注意对方，"另一只眼睛"用来看自己，也就是说根据对方的接受程度，来随时调整自己的言行。

思考问题的时候，让眼前出现视觉的一幕，这是锻炼空间想象能力和形象思维的习惯。这种习惯能促进人的思维。

钱莊 读好书，交好友，都是丰富人生、提升生活的好习惯。特别是交友，古人言"近朱者赤，近墨者黑"，讲的正是交友习惯。

车车 一种好习惯的形成，会让你终身受益。

譬如说，快速走路，快速讲话，一般人可能对此不以为然，但久而久之就养成了快速行动的习惯，也就是给自己有紧迫感的习惯。

我们要注重做重要而不紧急的事，如果人天天都是在赶着紧急的事，那是十分可怕的。因为不管对待工作还是生活，战略规划才是最关键的。每天急着捡芝麻，必定会丢了大西瓜。

我遇到事情，凡是想到可提前完成的，就总要想方设法抢在今天完成，而不是把今天的事情拖到明天或后天去做。明天的事情提前做完了，晚上我就可以思考后天的事，我就能永远把时间往前拉。长期拉，人生都可以拉长好几年。

这样"几何速度"的递增，其实是在提升生命的质量。

反之，那种凡事都慢吞吞地做的人，遇事拖一天，也能拖十天，甚至更长。那他大脑使用的频率少了。他的大脑整天想着老事情,必然没有空间思考新事情,思想就不能创新。这种拖拉的习惯,就会逐步过渡到依赖。这本质上是一个行动力的问题。

钱莊 有"快行动"的习惯,成长和成功才能"加速"。

车车 在好习惯形成的加速链上,人生的成功提前了,你当然会获得更大的成功。你的生命不就拉长了吗!

工作才是好生活的捷径

钱莊 从创业开始,你给人的印象就是一个纯粹的工作狂,从来都不知道享受生活。但近年来,我发现你已经有了非常大的变化,关于生活的面很广,话题也很宽。

车车 但我首先还是热爱工作的。我认为,工作就是生活。工作是痛苦的,生活也会是痛苦的。做热爱的事、感兴趣的事,才是幸福。

我真正的生活,是从工作开始的。16岁进城学做木匠,20岁就开始创业了。

人最终的落点是生活,因此许多人觉得生活比工作更重要。我不喜欢把生活与工作对立起来,它们不是人生的两个点,它们其实是一个不可分割的整体。工作的结果是生活,工作的时间也是生命的时间。热爱工作，才能更好地生活。

人人都在追求美好的生活，那好生活哪里来？不会自动从天上掉下来，如果说有捷径，我看只有一条，那就是工作。工作是最能出智慧的地方。工作有情境、有互动，90%的智慧感悟可以说都来自工作实践，10%来自生活体验。书本的学习只是学到知识，香港科技大学吴葆之教授说："创业更应该是一种经验。"这个经验就是靠工作实践得来的。

人的生活有三方面：一是肉体生活，温饱、食色；二是物质生活，你所拥有的生活硬件；三是精神生活，那就更丰富了。但不管哪一面，都要靠工作来得到。尤其是人的精神生活，一定是从你工作经历中提炼出来的。不管是怎样的工作，首先在于你工作的状态。

工作的状态本质上又取决于价值观，大的价值观有立德、立功、立言。我早期的价值观：一是做有价值的人；二是靠自己；三是不依赖；四是有理想，对社会、家庭有贡献；五是先苦后甜。价值观与目标统一了，就会懂得先苦后甜的工作真理。现在这两条都已成了我们企业文化的精髓。而这样的工作状态，才能成为好生活的捷径。

钱莊 工作才是好生活的捷径，我很赞同这个观点。过去大部分的论点都误读了工作，也误读了生活。现在把它们打通了，会发现工作的许多乐趣。

车车 对立是错误的。不懂生活，就不懂生意，因为顾客就来自生活。所以我今天就多谈一点工作上的感悟吧。

生意是什么？我早讲过，生意就是猜，猜，猜！正所谓"唱戏的腔，厨师的汤，经商的猜"。过去商人用算盘，现在商人要用心理学啊！

猜什么？猜人心，猜事物，猜未来。因为我们做生意，是追求我们和消费者之间的共同点。政治是做同心，宗教是做共鸣。做生意，我们就要学会了解和判断消费者，也要与他们形成同心、共鸣！

钱莊 红星美凯龙的企业文化里，引用过歌德的话："如果工作是一种乐趣，人生就是天堂。"这其实就是把生活与工作融合在一起了。

车车 我也说过一句话：如果对工作没有兴趣，人生就是地狱，因为你会麻木、累死。其实这讲的是一个主动工作与被动工作的关系。这两者之间的区别实在太大。投入才会进入情境，进入情境才会产生情感，对事物有情感才会有灵感。我在和大学生交流的时候讲工作兴趣，讲了3个小时。

被动工作就没有主动性。做工作要靠大脑考虑，不能我让你一二三四这样干，你就一二三四去干。你要想为什么要这样做，为什么其他的方案不考虑，还要去考量这个方案对不对，如果不对，就要去和别人讨论，不能够被动地去工作。

工作不能够没有弄明白就去干，一定要弄明白、融入进去再去干。生活也是如此，凡是糊里糊涂混日子的，就绝不会过上好生活。

中国人的平均年薪是2万元人民币左右，美国人是30万元人民币，而中国人的成就感指数却比美国人要高，工作兴趣、工作动力都比美国人高。因为中国现在处于成长的进程中，成就感、工作兴趣都主要体现在成长的过程中。中国现在的个体更具竞争力，工作更充满激情与成就感。

钱莊　成长的过程中，兴趣是处在建立阶段的，这个阶段的兴趣最高。这时候的智商和情商也都是最高的。

车车　情感的建立有时候还不一定来自获得，而更有可能建立在付出上。工作就是很好的标志。建立在付出上的情感更高，关键是要有热爱。不热爱工作，也就不会热爱生活，就只是活着，时间会很难熬，人生就是痛苦的。而美国的心理学家认为：工作对长寿的重要性大大超过了人们的想象。

The
WISDOM OF EXPERIENCE

心态是心灵最好的保健

我的"有限幸福论"

钱庄 你曾提出一个"有限幸福"的概念,这可能是幸福本质的境界了。我们有无限智慧、无限生命,为什么又会说有限幸福呢?这也是一种相对论吗?

车车 世间万物其实都是相对的。所谓"有限幸福",也就是说有"度"才会幸福,无度必定痛苦。佛家讲幸福就是稀缺,真正的幸福不是多,而是少,少才会珍惜。

美国文化的精髓是勇敢、智慧、正义和节制。这个节制,一般人可能不以为然,但我非常认同。现在社会有各种诱惑,所以我们特别要学会节制。人的欲望,在有限的前提下被满足了,你是幸福的;但如果无限制地膨胀,必然满足不了它,那不就变成无尽的痛苦了嘛。欲望达不到,或欲望过多,必然带来心苦,带来焦虑、哀怨。

人要在情感和欲望的游戏规则里才有快乐,要让思想管住欲望,才是让自然人上升为社会人的文明进步。

钱莊 其实,节制就是"有限幸福论"的核心,古人讲"张弛有度",佛语说"人有多少执着,就有多少束缚",西方人讲"节制",都在说明"有限"的能量。

车车 节制会带来更大的获得,这就是一种能量。

西方有个沙漠苹果的故事:有一个人在沙漠里迷路了,走了三天,又饥又渴,还没有走出来。但他身上只有一个苹果,吃不吃呢?他为此一直在纠结着。可他后来还是决定不吃,一直把那只苹果抓在手里不断奔跑,最终走出了沙漠。

你想,一个苹果能给久困在沙漠的他补充多大的能量?恐怕就算有十个苹果也于事无补。而让他走出沙漠的,正是一种信念的力量,让有限化为了无限。

交朋友亦如此,你想要即时回报,也是一种不节制。我以前认识一位银行的大领导,私交都很好,但我从来没问他借钱贷款,即使在企业资金一时困难的时候。因为我好像心里有了这层关系的保障,就会想出很多的办法来,同时我还可以向他学到许多更有价值的东西。

钱庄 英国最近有学者研究表明,人的朋友也不能多交,3~5位最知己的朋友对自己来说是最幸福的。滥交朋友必然导致交友的质量不高,"有限友情"才会带给你友情的快乐。

车车 有限幸福的关键在于自得其乐与知足常乐。但我这里所言远不是那种消极意义上的对人生浅层次的迁就与满足,而是应该到一个更高的层面上来认知。

什么叫知足?关键是你把什么当成你的参照物。你要比权力大小,你能统治整个人类吗?你要比物质的富足,你能拥有整个地球甚至拥有宇宙吗?所以你能比的,唯有你精神生活的质量,你在做好每件事的成就感。

还有一个就是学会接受。其实接受不是消极的,恰恰是积极心态的产物,它会让人正视现实,消除抱怨和恐惧,得到满足与安宁。遵循了自然拥有的法则,接受就是"有限幸福"的开始。

钱庄 上海妇联曾经组织过一个宣讲团,主题就是"幸福不是一种拥有,而是一种能力"。我们没有感受到身边的幸福,是因为对生活抱怨太多,人的认知差别就在价值观上面。我们要解决"什么是幸福"、"怎样才幸福",才能解决我们为什么要奋斗。这就是价值观。

车车 价值观就要追溯到人生的意义了。这个价值观的判断是有层次的，你一层一层不断上升分析高度，可以帮助你得到很多的认知，提高认知幸福的高度。当然你有很多智慧的话，也会带来些痛苦，也会增加一部分烦恼。这个也是相对的，但体验到的幸福的高度和深度绝不一样。

特别是成就感。成就感才是精神幸福的原子弹，能提升人精神幸福的指数，才能懂得"有限幸福"，而减少痛苦。作为一名普通的纺织女工，而成功转岗成为上海航空股份有限公司乘务员的吴尔愉曾回答记者说，每一次的成功都会让她感到由衷的快乐和幸福，但这种感受幸福的能力是要靠自己去发掘和培养的。而当你把这种思维方式变成习惯之后，你可以把每一项工作都当成体验和享受，幸福也就与你如影随形了。

钱莊 现代许多人感知幸福的能力好像下降了，也许就是"不知足"而"难常乐"。有限幸福价值观的具体体现，在于你能否停下来，用心去注意与感觉自己其实已经拥有的幸福。

车车 哈佛大学幸福学大师泰勒·本-沙哈尔教授说过："幸福是种感觉、心态，是对客观事实的主观认识，不是客观事实本身，谁都可以幸福。"除了价值观，心态就是体验幸福的工具。他还说："简化生活，学会专注，不要同时做很多事才能幸福。""接受自己的全部，允许自己偶尔的失落与伤感。"这些其实都是在阐明有限幸福。

而一旦人们懂得了"有限幸福",生活就会发生根本的变化。他们就会把省下的时间花在那些真正能带来幸福的事情上;他们会觉得花过多的金钱,无限制地追逐物质享受没有太大的意义;他们也不再会与别人攀比而心存妒忌,因为他们明白了所谓的"无限幸福"其实根本就不存在。

"有限幸福",它其实是在约束将导致你无尽烦恼和痛苦的无限欲望,所以"有限幸福"才会给你带来真正的幸福。

西湖是我的

钱莊 如今很多人认为拥有财富就是拥有幸福,记得你讲过认知财富也就是认知幸福,我们再来聊聊你的财富观吧!

车车 报载国外媒体认为中国已成为世界第一"拜金主义"国家。《2009年幸福指数调查报告》还说,超过一半的受访者认为,赚到钱才能赚到幸福,金钱 + 财富 = 幸福。这就很可怕了,我们在前文讲到"有限幸福",它的本质在于精神升华,而对财富过于片面的追逐,必然会陷进"无限幸福"的泥潭中去。

台湾著名的漫画家朱德庸说:"我们碰上的,刚好是一个物质最丰硕而精神最贫瘠的时代，每个人长大以后，肩膀上都背负着庞大的未来，都在为一种不可预见的'幸福'拼斗着。但所谓的幸福，却早已被商业稀释而单一化了。"对此我很有同感。

钱莊 寄情于艺术的人，追求的是精神幸福。盖普洛咨询有限公司在全球进行的幸福调查显示，金钱确实能够让你感到满足，却并不一定能够让你真正享受生活。物质财富之生命是有限的，精神财富之生命才是无限的。

车车 过去，我想过很多东西，我作为个体可不可能拥有？譬如高速公路，但我又无疑拥有着它，毕竟我每周都要在上面经过几个来回。我们去住五星级酒店，你可能订的只是其中某一个房间，但它金碧辉煌的大堂你也完全可以充分享受。它们都是服务型的公有财富。

后来我明白了，这个世界上其实只有享有，没有拥有。尤其看到星云大师说过世间有五种财富：物质财富、精神财富、公有财富、心中财富和无价财富。其中我对公有财富这种说法特别有共鸣。

作为公有财富，像空气、太阳，像黄山、西湖，是他的；也是我的，其实就是认知"我为人人，人人为我"的幸福的道理。我们说"社会主义好"，好就好在公有财富多。

2008年，我到北京看奥运会的开幕式，在体验上我也就拥有了鸟巢，也因此很有幸福感。我在上海陆家嘴有套大房子，但装好了几乎没怎么住过，因为在里面我没有找到家的感觉，这说明幸福并不在财富多少。

同样，我在上海西郊的一套房子，尽管是租的，但它的大环境好，后面有1200亩的森林，上万棵百年大树。因为我特别热爱树木，我就对这里特别有感觉，由此认定我也拥有了这片森林，把它当成我家的后花园。体验这样一种绿色生活，我认为是最大的幸福！

有次我漫步在西湖边，看到西湖如此之美，不禁大声对着湖面喊道："啊，西湖你是我的！"对，西湖是我的！黄山是我的！太阳也是我的！

钱莊 1958年的时候，美国经济学家加尔布雷斯就写了一本书，叫《丰裕社会》。他认为，私人消费和公共服务之间一定要形成某种平衡。比如没有道路，没有停车场，所有公共设施都是乱七八糟的话，如果每个人都买了车，那势必会引发灾难。

车车 像印度现在私人消费水平很高，车辆看起来很多，但它的公共设施，也就是公有财富的建设非常落后。印度首都的机场还不如中国某些地市级的机场。所以我们要赢得更大的幸福，就必须珍视、珍惜公有财富，再拥有、帮助和合作，为世界创造更多的财富。

邓小平同志曾经说过："让一部分人先富起来。"采取的是先富帮后富的策略，这就让中国人平均富了50倍，最多有1万倍，最少也富了10倍。我经常给美国朋友讲这个道理，国家之间其实也应该一样嘛，让能先富的富起来，先富再帮后富。而现在世界上还有为了自己的利益引发战争，挑起国际矛盾来赚取利益，包括过度保护自己而引发恶斗与战争，这些都是错误的。应该通过先富帮后富，拉动整体富裕，那世界经济30年会平均富10倍。这是更大的财富观吧。

财富是一种测量工具，能够测量我们贡献的多寡。无贡献的人将一无所获；贡献卓越的人，将有丰硕的收获。只有为社会创造财富，才能为个人带来财富，带来最大的幸福。其实这不是大话，我在这些年创业历程中充分感受到这点，你付出了，社会绝不会亏待你——付出越多，回报也会不知不觉到来。

钱莊 一位作家曾说，如果恰当的生存需求得到了满足，幸福就完全可以自己掌控。内心充满智慧，面对自己感觉自身力量无限，这就幸福了。谁拥有西湖、黄山？其实我们大家都可以大声说："西湖是我的！黄山是我的！"只要把财富观与幸福观真正打通，就会拥有一种新智慧。

麻雀的幸福

钱莊 谈生活结果就是谈幸福。其实幸福是一种心理感觉,一种心境,一种对生活的理解,一种人生修养。

车车 幸福其实是属于主观的,因此对于幸福,最重要的是感知。

以前我就分析过幸福的等级,一是物质时代的幸福,二是精神追求的幸福,三是感知幸福。其中第三点是最重要的,前两点都要靠人对幸福的感知能力。

当然我还得先讲故事,讲我对麻雀的研究。

清晨在小区跑步的时候呢,总听到麻雀发出唧唧的叫声,而且麻雀在城里的叫声要比乡下来得响。我研究麻雀好多年了。那个叫声是快乐的还是痛苦的? 我发现,麻雀通过肚子发声并且头也在动时,就是快乐得不得了的叫声。麻雀几乎整天都很快乐,我们人有麻雀快乐吗? 没有,我们好像没有麻雀快乐。

2012年上半年我又开始研究麻雀,晚上躺在床上还在想,我没有麻雀幸福,可我比麻雀有钱,它没有房子住我有房子住。但又观察思考三个月后,我就觉得不对了,麻雀还是比我有钱,房子比我住得好。为什么呢? 麻雀飞到哪里,它就觉得那个树林、小区是它的,世界、天空、阳光也是它的。而人不是这么认为的,人的思想就很狭隘。于是我就觉得我比麻雀拥有的少多了，也因此那天晚上我就没睡着觉，甚至之后连续几天都没睡好。

财富是认知出来的。麻雀认知世界是它的，我认知世界不是我自己的，所以说，我的财富没有它多，我也没有它幸福。这就要看我们如何认知我们的世界。

譬如说太阳值多少钱呢？9万万万亿元？那我们有几百万、几千万，几个亿又算什么？即使有几百亿，也只是太阳的一个零头啊！

钱莊 *幸福和痛苦其实是对比出来的，就像白和黑一样，没有对比，你就不会生出幸福的感受。*

车车 猪的幸福指数似乎比人的高，它每天吃得很开心，哗哗地吃，呼呼地睡，不是吃就是睡，死得也很简单，被拉到屠宰场"咔嚓"一刀就死了。人最大的痛苦是恐惧死亡，怕失去生命。猪没有这个感觉，但它的幸福没有深度和高度。人类度过的有智慧和幸福的每一天，肯定比猪一辈子都值。

人类应该是勤劳以后变幸福的，因为勤劳改变了我们的生活规律。我总对孩子讲，真正的幸福是勤奋。可我觉得很多人对勤奋这个词不是太懂。每一个父母都告诉我们要勤奋，但是到底什么是勤奋？人性是懒惰并以自我为中心的，每一个人都是如此。因此，最重要的是勤奋的思想。大脑一定要勤，工业革命也是动脑筋动出来的,如果人懒惰那就完了。人懒先懒脑,勤也先勤脑。勤奋的人注意力集中,就会有心流的高潮,就会体验出事物和人的热爱与幸福。美国的心理学家从人的生活习惯中研究出影响寿命的决定性因素,其中一项就是:如果真正热爱自己所从事的有意义的工作,勤奋努力反而有益长寿。

钱莊 乔布斯生前说过:"成为坟墓中最有钱的人,对我来说毫无意义。晚上睡觉的时候能说,我们做了一件很棒的事情,这对我来说才重要。"古人讲"勤于思而敏于行",对幸福的感知也要勤啊!

车车 更高境界的幸福还要从审美开始。许多人把吃饭、睡觉、玩、夫妻生活当作是幸福,却根本不懂欣赏其中的美,又有何幸福可言呢?

人类的幸福,首先要建立在人类自身对于幸福的感知能力上,而做既有意义又有乐趣的事情便会有幸福感。过去有一首歌,叫《幸福在哪里》,很多人都会唱,但理解和感知就各不相同了。

幸福的DNA

钱莊 现在经常会有所谓"幸福指数"的调查,我看也只是调查到了一些皮毛,因为深层次的答案藏在每个人的内心,而且还常常随着主观或客观的条件而变化、转移。

车车 幸福也是有指标的，就像血液指标、心率指标、血压指标一样。那幸福的指标是什么呢？感官快乐，物质基础，爱，亲情，智慧享受，成就感的享受。

人生是经历的总和。我们经历了什么，就获得了什么。而人生又是释放的总和。那么光得到感官的快乐和物质享受，乃伪幸福，我认为真正的幸福来自幸福的DNA。

一是"阳心态"，也就是我们常说的积极心态，它能激活幸福，也是现代人成功和幸福最基本的立足点，运用的就是人潜能开发中的"光明思维技术"，从而培养自己健康、乐观地观察世界和处理事物的方法。诗人顾城说过："黑夜给了我黑色的眼睛，我却用它寻找光明。"每一个成功者，无论是科学家还是企业家，他的成功无一不是经历了无数次的挫折和失败后的结果。与一般人不同的是，他们始终没有认为那是失败和挫折，而是排除了无数种不能成功的因素。

二是善良。善良包含忠诚、同情心、真诚、孝心、宽容、凡事为对方着想等，因为具有这些善良基因的人，就是感知能力特别强的人，他会感知别人，当然也善于感知自己的感受。善良的人会受到社会和他人的尊重，又会感受到这种尊重对自己的温暖，那他的幸福指数还能不高吗？所谓"吉祥三宝"，就是慈悲、善良与宽容。

三是爱。包括爱情之爱、亲情之爱、友情之爱,但更重要的爱是大爱,爱大自然、爱事业、爱国家、爱民族。一个懂得爱的人,也就是善于付出的人。在我看来,爱往往比被爱更有幸福感,当你为一件值得的事去付出,去助人为乐,其实你那一刻是最幸福的。反之,一个不懂、也不会付出爱的人,本身就没有具备幸福的基因,活在世上当然毫无幸福可言。

四是知足常乐。人一般在年轻时总是欲望很多,心态比较浮躁,而到了一定的年纪,相对成熟了,就不那么急功近利,就懂得知足常乐。你力所能及地把每一件事情都做得很好,这就是知足,就会欣赏自己、自得其乐。

五是希望。如果要用四个字诠释人类生命的意义的话,那就是"希望"与"智慧"。人是希望的动物,也是智慧的动物,人生在世,就是探索、挑战和体验。没有追求,没有向往、目标与梦想的人,就没有明天,没有未来,恐怕一辈子也很难谈得上幸福。

六是活在当下。人的思绪离当下越近就越幸福。这里借用心理学家张怡筠博士来红星美凯龙讲过的一个培训案例,特别能说明问题:请三个人讲各自半夜醒来做什么,即可看出谁的幸福指数高。第一个人说想第二天的事;第二个人说想前面做的梦;第三个人说上洗手间。结果就可以看出第三位的幸福指数最高,因为他离当下最近。

除此之外，还有放松、宁静、专注与激情，它们也是幸福的元素，而运动、散步、亲情和兴趣也都是增加幸福感的元素。

钱莊 人的基因先天遗传，那幸福的基因可以由后天，即我们的努力来完善，根据幸福的DNA，完全可以发展出创造幸福的能力。

车车 大家都熟悉的主持人杨澜，曾在一篇博客中写道："如果每天写下5件让自己感到幸福的事，会发现幸福越写越多，也感到一天比一天富足充实。"她的发现真好。幸福的空间有多大？如果我们把幸福的DNA全都充分开发、运作，我给它们起了一个新名词，叫"叠加幸福"，它将是一般幸福的复合的倍数。

譬如大年夜，我们全家人要一起吃年夜饭，亲情释放了；刚好又来到海边吃饭，风景很美，吃的海鲜也不错；可能不远处还有块大屏幕，可以边吃边欣赏春晚的节目；更重要的是，大家团聚时，回顾一年来的收获，都很有成就感……这不是体验了幸福的综合享受吗？这种幸福，就是有高度、深度的、立体的、情境的叠加幸福。

钱莊 你发现的"叠加幸福"非常有意思，但也是要我们去主动追求、去开发的。

车车 我们烦恼很多，要以动治烦，越治就越幸福。人是动态的，没有追求,幸福是没有意义的。当然我们到了一定年龄,有了一定阅历,又会有新的目标、新的追求。一个层次不到,不会理解另一个层次。这是一个层次的问题,也可以说是一张"门票"。追求幸福是收集"门票"的一个积累过程。

最新研究还发现,经常自己动手做饭吃的人,比不做饭的人幸福感更强。这是因为在获取食物时,付出的努力会增加人们的价值感。吃饭时的快乐感觉和美味的回味,可持续24小时,甚至打嗝也会觉得香。研究还表明,自己动手参与烹调,会使人们喜欢上烹调,会使人们喜欢上本来可能不喜欢的食物,如低脂肪、低热量食物等。我也在此建议大家多在家烹饪,享受家里的健康美食。

钱莊 人之所以活得累,有人说"是因为放不下架子,撕不开面子,解不开情结"。我认为问题本质是人们没有找到和开发幸福的DNA。

车车 人永远有烦恼和忧愁。这个烦恼解决了,就会有另一个烦恼;大烦恼解决了,就会认为小烦恼也是烦恼;小烦恼解决了,还会自寻烦恼。所以有烦恼把它当成一件事来分析规划一步步实施解决即可。如果把烦恼当件事,非但没有烦恼,而且解决、处理烦恼的过程,反会变成一种幸福。如果把事当烦恼,就永远是烦恼了。

而具备了幸福的DNA,就可以在生活中复制幸福,让幸福的感觉不断延续。

兰花盆被打碎以后

车车 讲一个关于心态的故事吧,这个故事其实是我从于丹那儿听来的。

古时候有一位师傅,非常热爱自己供养的那一盆兰花,每天都要注视它、呵护它无数次。

有天师傅要出远门了,他就嘱咐小徒弟,其他都可以不管,但务必把他最心爱的这盆兰花照料好,徒弟连声允诺了。

师傅走了以后,徒弟也很是用心,每天学着师傅那样照顾兰花。

很快十来天过去了,兰花长得很好,师傅也就要回来了,可就在师傅回来的前一天晚上,小徒弟可能由于过度紧张,搬弄时一不小心竟把这盆兰花摔得粉碎,这下徒弟可吓傻了。

第二天一早,小徒弟就跪在山脚下等着。可师傅回来知情后,却并没有责怪,更没训斥徒弟,甚至没讲一句话。三天过去了,徒弟紧张得都不敢大声说话,只以为师傅气得都不想说话了;又三天过去了,师傅依然如此,徒弟愈加紧张了;再过了三天,徒弟实在忍不住了,壮胆去问师傅为何不怪罪自己。

师傅听罢哈哈一笑答:这个世界原本是快乐的,我养兰花本身也是为了开心,现在你既然把它摔掉了,那我又何必用不开心的方式来责怪你呢? 小徒弟这才恍然大悟。

钱莊 这就是心智模式呀! 你说过,人赢也赢在心态,输也输在心态,快乐也就快乐在心态上。这就是积极心态。

车车 快乐是正面情绪的原型,心态其实全在自己。过分苛求他人与自己都不会快乐的。

改变心智模式,就是改变心态。当然这个不是我发明的,是世界著名管理大师彼得·圣吉先生在他的《第五项修炼》中提出来的。但我发现它对我们企业经营尤其有针对性,我们的学习型组织也就是基于此打造起来的。

钱莊 红星美凯龙一向倡导的"快乐工作",也获得了社会广泛的认同,但要真正做到这一点,非常不容易。

记得2007年红星集团获得中央电视台的"2006CCTV 年度雇主"荣誉,之前就有好几家机构专程到公司来找员工们做访谈。结果是令人满意的,98%以上的答案都是"快乐",你是如何做到,是以积极心态为切入点的吗?

车车　积极心态大家可能觉得没有什么了不起，但是我认为积极心态是开发智力的一个重要步骤。心态是人的脉，心态节奏把握好，人的各方面才能健康；脉不稳定，发挥就不自然。

积极心态是人的行为动力、思维动力、价值动力，是人的精神能源，因为它会改变人的行为方式、思维方式、价值观方向。

我们看到很多的光明事物，在没有办法的时候，积极的心态可以想到很多办法，可以激活思绪。消极的心态就蒙住了人的思维，这样人就容易变笨，变得很忧郁，到最后就演变成不是心态的问题，而成了智商的问题了。

心态积极不积极会对我们的人生产生非常重要的影响，包括治病和对待感情等，积极的心态才是幸福生活的基因。

在工作上，比如说现在市场不好，我们用积极心态就会有好的营销方案，积极的心态就是永远有办法。

人生中碰到失败或挫折，要往好处去想，往好的方面、有利的方面去搜索信息，积累经验，拼命去挖掘好的元素。合作精神、自信、正义、理想、宽容心，都是由阳光的积极心态培养出的人的素质能力。

钱莊　佛家有静思语："真正的快乐，不是因为他拥有的多，而是因为他计较的少。"

车车 后面还有一句："对人要宽心,讲话要细心。"前面讲到的那个故事里,师傅的心态影响了徒弟,说不准徒弟改变心态后,又会去影响无数的人。

好心智开发好心态,好心态才带来好生活。提升心态必然会反弹性情,对自己、对他人都是如此。

有一个好心态,你就会觉得你做的是自己心仪的工作,而每天做心仪的工作一定是快乐的。

让人不快乐的那枚金币

钱莊 有人说:"常人把快乐视为情绪,智者把快乐视为能力,成功者把快乐视为责任。"那我们又如何让快乐成为习惯呢?

车车 还是先讲个故事,也是我从别处听来的,觉得很有意思。

说有位国王,虽然天下尽在手中,但好像还是不满足,总觉得缺了什么。缺什么呢? 缺快乐。

他总是看见御膳房的一位厨师每天都哼着小曲在劳作,脸上洋溢着幸福和快乐。

于是,国王问厨师:"你为何总如此快乐?"

厨师答道:"我所需不多,有间草屋,肚不缺暖食便足矣,偶尔多一件小东西都能让我的妻儿很满足,所以我一家人天天都快乐。"

国王听罢,似乎难以理解,又去问宰相。

宰相回话:"看来这个厨师还没成为'99族奴'。"

国王更不解了。宰相说:"明天我们做个实验,陛下您就明白了。"

第二天一早,国王就按宰相所言,命人把一只装有99枚金币的布袋,悄悄放在了厨师家院内。

厨师出来时,当然发现了这只布袋,并好奇地拿进屋里打开。天哪,全是金币!他先是惊诧,接着狂喜,还叫来妻儿一同数金币。怎么不是100枚呢?厨师认定不应该是这个数,于是数了一遍又一遍,但还是99。找遍了整个房间他才彻底绝望了,心情沮丧到极点。

从此他决定早日挣回1枚金币,以使自己的财富达到100枚的整数。但也正是从那一刻起,他不再像往日那样兴高采烈了,小曲也不哼了……

当然这只是个故事,可生活中确有一大批属于"99族奴"的人,他们其实已经拥有许多,却为了那个额外的、并无实质意义的"1枚金币",不惜付出失去快乐的代价。

钱莊　这个故事太有意思了。生活中其实已存在99件值得高兴和满足的事，但因为突然出现凑足100的可能性，反倒把原有的一切全打碎了，所以快乐应该先珍惜所拥有的东西。

车车　对啊，你想那位厨师如果拥有了100枚金币，马上又会想要200枚的，他原来拥有简单快乐的心态已经被破坏了。这里还有个故事与大家分享。

一人问佛："我为什么老是不顺心、快乐不起来呢？"

佛曰："因为你没有学会给予他人啊！"

那人又问："我什么都没有，如何给予？"

佛又曰："一个人即使一贫如洗，也可以给予他人七样东西：一是颜施，即微笑处事；二是言施，多说鼓励赞美和安慰的话；三是心施，敞开心扉、待人诚恳；四是眼施，将善意的眼光给予别人；五是身施，以行动帮助别人；六为座施，即谦让座位；七乃意施：有容人之心。有这七种给予的付出，你将不会困苦，事随人意，快乐常在。"

凤凰资讯台的吕宁思曾发表观点："是什么偷走了中国人的快乐？第一缺乏信仰，第二点是和别人计较，第三对美的事物不感知，第四不懂得施舍，第五不知足，第六焦虑，第七压力大、标准高，第八不坚持做自己，第九得失心强，就是患得患失。"所以我们要倡导：以加法的方式去爱人，以减法的方式去抱怨，以乘法的方式去感恩，以除法的方式去仇恨，方能做快乐真人！而正义、宽容、坦诚、豁达、善良、付出等这些美德，都是快乐心态的营养剂。

钱莊 快乐心态也需要修炼，这种修炼的本质，也就是道德修炼。如此修炼后的良好心态才能与社会接轨，与自然和谐，否则你纵有再大的才，也只会带来玉石俱焚的结果。

车车 日本有一本书叫《脑内革命》，书中说人在快乐时还会分泌出一种叫内啡肽的物质，它会提升你抗忧郁的能力，增加抗病抗菌细胞的数量，从而提高你的免疫力，当然还会帮助你提升信心。你今天的自信就是明天快乐的保证。

大家都知道，冻死的鸡，肉就不好吃，不鲜，因为它伤心，心态不好嘛。快乐常在至少能增寿9年，心态乐观的人生活方式更健康。

在西方的基督教里，做了坏事就得忏悔，而这种忏悔，其实就是调整心态。我现在把它延伸开来：做坏事肯定心态不好，肯定对生命有害。亦如星云大师所言："当心中常常喜欢慈悲待人，无形中我们的相貌也会随之祥和；但当我们常常生气，相对的相貌也会呈现一副凶相。净化心灵，让心底纯净善良，自得一面美貌。"

为什么要学会放弃

钱莊 人都有放弃的欲望,但往往又要克制这种欲望,问题可能是对"弃"的得失观没有解决好,总认为弃是负面的东西。

车车 所以我们要学习放弃啊!

一位母亲正在厨房做饭,突然听到三岁的儿子在客厅里号啕大哭。原来儿子把手插进一个花瓶里拔不出来了。母亲赶紧上前帮忙,可使尽浑身解数,儿子的手还是拔不出来。万般无奈下,母亲只好打碎价值不菲的古董花瓶。儿子的手安然无恙了,却依然紧紧地握成拳。母亲忐忑不安,掰开儿子小手,却发现他手里攥着一枚五分钱的硬币。

母亲这才明白,原来儿子的手不是拔不出来,而是不愿为五分硬币松开拳头。

这个故事很有意思,它代表了一种心态。现实生活中,我们又何尝不是经常犯和小男孩同样的错误?

为了蝇头小利,朋友可以背信弃义;因为一言不合,夫妻可以分道扬镳;纠缠鸡毛小事,兄弟可以手足相残。究其因,是和那个小男孩一样,不愿放弃那枚"五分硬币"。

钱莊 人生最重要的不在于一时的得失,而在于懂不懂得选择需要的，知道放弃不要的。有些东西不属于我们，苦苦追寻也不会有结果。只有学会放弃，才能彻悟人生，拥有海阔天空的心境。

车车 学会放弃，真是一门学问。平时不学会选择需要和放弃，痛苦指数就会很高。人到最后连生命都要放弃，还有什么不能放弃的呢？因此平时就要学会一定放弃小的，否则将来很痛苦。可以说，没有人能不放弃。因此弃又是做人旷达的最高境界。

弃，其实是一种思维方式决定的，我把它称之为"取重思维"，或曰"舍小思维"。特别是要学会放弃自己的短项，抛弃自身的弱点与差错。有的人自己整天忙得团团转，可就不愿请助手、保姆，我说这是一种应该弃之的"小农思维"。

全球"卖得最快的畅销书"，《别为小事抓狂》的作者理查德·卡尔森就提出"接受不完美"。这个"接受"，其实就是"弃"。

他说："我还没见过哪个百分之百要求完美的人能过着内心安宁的生活。完美的需求与内心安宁的渴望，两者往往相互冲突……我们不但不满足已拥有的一切，还拼命钻牛角尖找差错……只要我们把焦点放在不完美上，我们就脱离了仁慈与温和的目标。"

钱莊 他其实就在教你不过度专注在生活的差错上，放弃那些与目标无关的小事。也许当你真正放弃了对完美的追求，你就将发现生命本身的完美。

车车 理查德·卡尔森还说，要"放下愈多愈好的想法"，同样是教我们学会放弃。

欲望是难以填平的深渊。一旦你认为越多越好了，你就永远不会满足。在《别为小事抓狂》一书中作者谈到他认识的一位男士，刚在一个高级住宅区买了一幢漂亮的房子，很开心。但等到搬进去的那天，他的兴奋感突然消失了，那一刻他希望自己买的是更大更好的房子。

作者分析道："'愈多愈好'的念头，让他一天都无法好好享受自己的新家。可悲的是，他并非唯一存有这种想法的人。"

这种想法，不也正是我们应该学会放弃的吗？当你放弃了"愈多愈好"，你就会满足和珍惜你现在拥有的，也就是幸福快乐。

我很赞同富兰克林的一句话，他说，放弃是生活中必须面对的一种选择，学会放弃才能卸下人生的种种包袱，轻装上阵。

"弃"是得不是失

钱莊 放弃到底是得还是失？弃是一种得失观，却又是一种境界，一种智慧。许多人认为它是消极的，其实相反。

车车 得与弃，其实在智慧中，得的学问大，弃的学问则更大。取是一种本事，舍是一种哲学。没有能力的人取不足，没有悟性的人舍不得。

有人说，人初生时应该取，取得生命，更要取得食物，以求成长；取得知识，以求内涵。之后漫长的人生岁月，则就是一个取与舍互相博弈的过程。少年时取其丰，壮年时取其实，老年时取其精。少年时舍其不能有，壮年时舍其不当有，老年时舍其不必有，颇值得人深思。

懂得如何选择的是哲人，知道如何放弃的更是智者。选择是智者对放弃的诠释，放弃则是对选择的跨越。学会放弃其实就是拥有了一份获得。

放弃也是一种清醒，人生很复杂，可有时却很简单，简单到你只有取得最需要的和舍弃次需要的这种比较。也许取得往往可以理直气壮，内心坦然，而舍弃却需要莫大的勇气与决心。放弃并不是消极地放手，而是需要睿智的思想和博大的胸怀。

毛泽东当年的军事战略，正是将夺与弃运用得恰到好处，其中四渡赤水就是验证这个道理的经典案例。夺了弃，弃了再夺。收了放，放了又收，收放自如。

胡宗南"围剿"延安时，在中国革命成功的大棋盘上，毛泽东不是将延安根据地都暂时弃了吗？然而放弃了延安，却换取了一个新中国。

钱莊 弃有时是洞悉人生后的洒脱，有时则是审时度势后的智慧选择。成功者既要会得，又要善弃。

车车 一定要善于舍弃，有弃才有得。关键是把人生、生活的本质参悟透彻，再加上对自身强弱的充分解剖，你就会懂得什么该抓，什么该放；什么该扬，什么该弃。否则你会纠结在一山一水之中，阻碍你向更高的峰顶登攀。

弃不是无奈，不是怯懦，不是自卑，也不是自暴自弃，更不是陷入绝境时渴望得到的一种解脱。它的前提是永不放弃的过程中，要懂得在一个点上的弃。

这是一种积极的弃，叫不弃之弃。

在我们的经营上，同样也要善于得与弃。美国当年家用电器的制造工业发展正处于鼎盛时期，但随后他们毅然将此放弃给了日本，而将重心转移到了光缆和互联网的开发与应用上，由此成就了今天的美国经济。正如斯大林曾评价罗斯福的话：美国人专拣大栗子。

专拣大栗子，就是放弃了许多小栗子，就是敢弃、善弃。

我的工作经历中，也碰到得失的考验。有一次，如果一时放弃，将是6000万元的直接损失；但不放弃，有可能会影响到整个经营的大局。最后我还是选择了放弃。结果证明我的选择是正确的。损失的那6000万元，我已经在其他项目上许多次地赚了回来。而自己，又得到了一次弃的修炼。

人生总会面临许多选择，而选择的前提是懂得得到与放弃。放弃的正确，即是选择的成功。正确的放弃其实就是放松，而人只有在心态放松的情况下，才能取得最佳的成果，任何急躁与焦虑，都可能带来不良后果。所以必须要放弃这种心态，方有所得。

钱莊 古人云：海纳百川，有容乃大，壁立千仞，无欲则刚。这是一种境界，一种修养。一个人的时间有限，精力有限，生命有限，懂得适时放弃是一种聪慧和超脱，而本质上更是一种获得。

"意识健康"与"意识疗伤"

钱莊 在对人的意识进行研究的过程中，你提出了一个"意识健康"与"意识疗伤"的概念，非常具有普遍意义与实用价值，何不就此展开聊一下？

车车 人的出发点来自意识，心智也是意识。我研究人的意识，目的正是为了帮助自己净化意识，整理心灵。

那什么是健康的意识呢？爱心、真诚、正义、积极、勇敢、善良、豁达、宽容、乐观、责任、事业心、乐于助人、坚持等,都是健康的意识,是正确的、合理的想法和行为的指南。什么又是不健康的意识呢?虚伪、傲慢、妒忌、偏见、悲观、焦虑、愤怒、恐惧、仇恨、贪婪、欲望过度……都是不健康的意识。有的人由于意识有问题,表现出来的行为也就有问题,结果是伤害自己,也伤害他人。还有的人,表面上倒还好,能抑制负意识纠结于行为的副作用,虽然没有伤害他人,但对自己的伤害还是相当大的。

健康意识与不健康意识,会形成一张生命漩涡图,这两种意识像盛了两种不同水质的水的木桶,哪种水多了,就会产生漩涡。又像是两种颜色的水,正意识是白的,负意识是黑的。关键在于比例,正负是95%比5%还可以,但如果是70%比30%,问题就严重了,80%比20%也不行,水质和颜色都会变,而且负的总会或多或少地污染到正的。

哲学家弥尔顿说:"意识本身可以把地狱造就成天堂,也能把天堂折腾成地狱。"在意识的抗争中,健康意识是国王,不健康意识是魔王,我们的注意力必须集中到"国王"身上,你在生活中就会活得像"国王";否则"魔王"占了上风,你就会活得像个"魔王"。可往往负意识是活跃派,正意识是沉睡派,因此意识疗伤的任务就是让正能量觉醒,通过健康的漩涡把毒素排出。正能量不用就会枯竭,漩涡就会报复你,那就要付出被淹没的代价。

钱莊　今天,整个社会变化快、信息爆炸、竞争激烈。竞争固然在一定程度上促进了经济发展，激发了人的潜在能力，但同时又使人们活得更累、更辛苦。

车车 是啊，财富得到了，事业得到了，名声得到了，但轻松的心态却会失去，相应的自由也会失去，而孜孜以求的幸福依然遥不可及。一个人得到越多，负担也就越重，对得而复失的恐惧也越强烈，甚至反而变得更虚空。欲望不一定都要去满足，一旦满足了，马上又会有新的更多的欲望产生，欲望越多越想，越有越要，满足了第一步，马上会有第二步而且是原先欲望的倍数。所以欲望是永远得不到满足的，因为它是无穷无尽的。所以，现代人的内心正是在物欲纵容下变得愈来愈扭曲，这本质也是一种"情绪饥饿"的现象。

生活中，人们对缺乏食物的饥饿易于觉察，一旦肚子饿了，及时进食，饥饿的状态便会很快消除。但人们心灵空虚、百无聊赖、精神不振的不健康状态却不易消除，更难以摆脱，这可以称为"情绪饥饿"的精神病症，当然，也是"健康意识营养缺失"的不良症。

钱莊 但首先是要自我认知。情商之父丹尼尔·戈尔曼说过："不了解自身真实感受的人，必定沦为感觉的奴隶。"情绪管理一定是建立在自我认知的基础上，包括自我的救助。

车车 我们每天要跟不同的人打交道,要面临各种不同的事情,这会导致我们身体、心灵发生变化。复杂世事的纠结,加上不切实际的空想,必然会导致内心的焦灼,甚至情绪的紊乱。这里我特别要提出两种"脱节现象",它们在目前的年轻人群中表现得尤为突出。

这两种现象一个是思想与实际的脱节,另一个是行为与现实的脱节,或者说这两者混合脱节。而带来的结果就是不切实际,好高骛远。明明能力只够做基层,却每天都在想当总经理,这种不合理的想法一旦形成,就造成了意识上的错位和失调,但很多人根本没有认识到它将对自己的精神甚至身体造成严重伤害。意识的不健康最伤的是我们的"神"。

"神"在中医里是一个至高无上的名词,它藏在"心"里面。我们说养生,最终的目的就是养神,只要神养好了,不管身体、生活处于一个什么样的境况,我们都能感受到生活的幸福,拥有无可匹敌的生命质量。《黄帝内经》中说"得神者昌,失神者亡"。其实这个"神",就是意识。

一个人如果意识健康,心胸宽广,则气血调和,脏腑功能协调,正气充足,表现出来的感觉就是精神饱满;反过来,那些意识不健康之人,往往心胸狭窄,体内气血的循行方向很容易被打乱,气血一旦失调就会引发各种问题。

譬如说贪官,表面上要装得无私、大度、奉献,意识里却充斥着自私、贪婪这些不健康的因素，即使眼下还没被纪检部门发现，但自己的内心肯定是不宁的，同样身体也不会好到哪里去，因为他总担心被发现。自己给自己制造了恐惧，况且是违背道德与法律的双重恐惧，很容易导致体内气血凝滞而引发各种疾病，甚至严重的肿瘤疾病。

人的欲望是无穷无尽的。但健康的意识是：在某一具体时间里，欲望要有重点，主次分明。一个欲望实现的同时，往往也会附带获得另一些欲望的满足，同时也必须学会放弃另一些欲望。

意识是法律真空地带，只有建立健康的个人意识，才是真正地对自己行善。所以我们说必须强化正意识，从而减弱、消解生活中的负意识，达到养身养心之功效。宗教里好多积极的东西如反省、忏悔、行善、放下等，也正是为了帮助你培养健康的意识。还要学会宽恕自己、宽恕他人。所谓"太阳光大，父母恩大，君子量大，小人气大"。

忏悔也是调整意识健康的必要手段，因为每个人的人生中都会有或多或少令自己追悔的事，比如我至今还始终不能忘记读小学时发生过的一件事：记得那是很炎热的夏天，我和另外三个同学放学回家，路上看到许多小朋友都在挤着买冰棍，当然我们也非常想马上吃到冰凉凉的冰棍，但口袋里摸来摸去，只有我有一毛钱，可一根冰棍就要五分钱，有四个人怎么办呢？小小的我当时竟灵机一动，把这仅有的一毛钱撕成两半，然后分别叠成个三角形，我先挤进冰棍摊去买一根，居然还找回了五分。我又指挥另一个同学效仿我，拿了叠好的那个半毛钱买回一根冰棍，又找回五分钱，然后顺理成章拿找来的两个五分再买来两根冰棍。我在同学们佩服的目光下，美滋滋地吃着冰棍回家了。没想到的是，还没天黑，父亲突然气冲冲赶回来，劈头就给我一顿打。原来是其中一位同学回家泄了密，同学的家长又告诉了我的父亲。记得当时父亲脸都气得铁青，打完了，就抓着我去村上卖冰棍的人家退钱赔罪。回来的路上，父亲说你这个小聪明太不道德了，回家还要收拾你。我吓得挣脱了他就跑，一直爬到一棵大树上，夜深了才偷偷钻进家门，结果还是被罚一个夏天不得吃冰棍。现在回想起来，这应该是我人生中最愧疚的一件事，而且至今无法抹去，但它成了我培养健康意识的反射镜，常常会提醒我通过忏悔而净化自己。

意识健康的基础是心静。有一个故事：父亲丢了块表，他抱怨着四处寻找，可找了半天也找不到。等他出去了，儿子悄悄进屋，不一会就找到了表。父亲问："怎么找到的？"儿子说："我就安静地坐着，一会就听到滴滴答答的声音，表就找到了。"可见，在这个世界上，我们越是焦躁地寻找，越是找不到自己想要的，只有平静下来，才能听到内心的声音。

钱莊 人意识里不健康的东西其实有许多，譬如说嫉妒，巴尔扎克就指出："嫉妒者受到的痛苦比任何人遭受的痛苦更大，自己的不幸和别人的幸福都使他痛苦万分。"这就是意识受伤，那又如何来进行"意识疗伤"呢？

车车 "解铃还须系铃人"，"意识疗伤"还得靠健康的意识。我认为可以先建立一个个人的健康意识坐标系：基础是正视现实，纵向的切合现实分析自己能力的长短，即自身的强项与弱项；再以目标为前提，判断自身发展中需要或不需要的东西；然后再看横向的，有哪些可对应的资源。在这样科学、理性的坐标上思考，并且把它们认真地写下来，你才能培养出健康的意识。应该是用理性的习惯写下自己该做什么，该放弃什么；仇恨的好处在哪里，坏处在哪里。

有了健康的意识，就会有定力。在崎岖的人生道路上颠簸，定力不好的人会感到恶心，难以承受。而定力好的人，就不会在盲目的占有与攀比中消耗生命。真正珍惜生命的人，首先应该懂得享受自然，使心灵获得更大的自由、更多的空间。

再一个就是用人性中爱的美德，以爱和付出来克服占有的私欲。只有爱是不会给人带来任何副作用的营养剂，它是智慧的外延。因为真爱的自信与坦然，足以治疗人心中那种想要占据一切的邪恶，自我就解放了，以自我为中心的自私就不复存在。

当然，假如你失恋了，陷在痛不欲生中难以自拔，一开始你可先用"恨"来疗伤，否则刻骨铭心的感情怎么了断？许多人用新的爱去结束旧爱，那会带来太草率、对彼此都不负责的结果。恨像一把钢刀，可以斩断身心俱伤的痛苦情丝，帮助你尽快从自尊受挫的荆棘里冲杀出来。不过，当你受伤的心灵逐渐平复下来，真正平静下来后，这个恨就必须转化成恩和情，让原有的爱完成净化与升华，这才能保持你意识的健康。

钱莊 你这个分析很有道理，就像戒酒先得恨酒一样。开头我们还聊到"情绪饥饿"，其实也是不健康意识会趁虚而入的源头。

车车 人一旦没有志趣、爱好和追求，活力会一天天丧失，情感会一天天麻木，意识自然不会健康，烦恼和疾病就会缠身。那该怎么办？如何让情绪充盈饱满，成为健康意识的坚实基础？这就如同要去除旷野的杂草，先得种满庄稼的道理一样。特别明显不好的东西不要去碰，像杂草那样杂的人、杂的事、杂的景全要去除。正如佛家的星云大师所言："所谓'宁静致远'，唯有在宁静中不乱看，不乱听，不乱说，我们才能找回自己，增长智慧，见人所未见，听人所未听，说人所未说。"另一次他又说："不当看的不看，否则会看出烦恼来；不当听的不听，否则会听出痛苦来；不当问的不问，否则会问出是非来；不当做的不做，否则会做出问题来。"这些话看似平实，却是人生箴言。

而培养健康意识的庄稼则是：多想多做有意义的事；培养兴趣爱好，多欣赏经典的名乐、名剧、名著；用爱去体验生活中的人和事;运动、锻炼、旅游,在生理上提升心理的免疫力,防止或清除不健康意识的侵入;多交积极向上、意识健康的朋友。星云大师对此还讲过:"观念就像播种,种了什么样的种子,就结什么样的果。好的观念能够成功致富,成圣成贤;坏的观念只会沉沦堕落,邪恶如魔。"他说的观念其实就是意识。

我有位中央电视台的主持人朋友,她聪明真有如宇宙的直觉,却又像恐龙那样简单。有次聊天,她忽然对我说:"意识健康人才健康,意识健康人才幸福。"这使我顿感共鸣,尤其感受到,她那种思维方式,本身就是意识健康的构成。

健康的意识其实也就是积极心态。有时我想,我们为什么会觉得有"仙界"?恰恰是人的心态处在积极和富有激情时,会看到事物美好和创点的一面。那为什么会觉得有"鬼"?还是因为人在消极和悲观时,往往会看到一些奇形怪状的东西,又逐步形成了鬼怪的传说,所以人的积极心态与意识实在太重要了。

赵朴初先生讲过的"吸引定律",也正是讲了这个道理:"一个人的心念是消极的或者丑恶的,那他所处的环境也是消极的或丑恶的;一个人心念是积极善良的,那他所处的环境也是积极善良的。人如果能控制自己的心念,使之专注于有利自己的、积极善良的人、事、物上,那这个人就会把有利的、积极善良的人、事、物吸引到其生活中去……所以控制心念,是命运修造的基本思路。"他讲的"心念",其实也就是意识。

种进好的意识,坏的意识就少了。阳光照进屋子,黑暗就自然消失。

率真:交挚友的VIP通道

钱莊 《生命时报》曾和搜狐网健康频道联合做了一个调查,发现有81.56%的人认为现代社会中朋友越来越少,特别是值得信赖的朋友越来越少。

车车 值得信赖的朋友就是挚友。有共同志向的朋友,不同背景、经历,靠信任而走到一起的知己,也可称"知密"。朋友对你的影响力,或者说彼此的影响力是非常巨大的。身边正义的朋友多了,你的力量自然也强;多交有正义感的朋友,处事做人帮理不帮亲,自然会获得他人的尊重。所以我一直呼唤要净化朋友圈。

钱莊 我们的外因,更多就是朋友。甚至在现代观念里,攒朋友比攒钱更重要,攒朋友就是攒健康。

车车 当人际关系日趋冷漠、功利,友情缺失,又怎样才能够交上挚友呢? 根据我的自身体验,可介绍一条友情的VIP通道——率真。率真,就是坦率与真诚,这是真友谊的核心基础。

具体来讲，第一条就是说真话，并且让对方清晰地感觉到，以此赢得对方的信任。绝对不要说假话，不要说谎，因为谎言不仅让你总有一天会丧失信誉、失去朋友，同时对自身也极为有害。它会破坏你大脑本来的健康记忆，久而久之就会损坏你的思维功能，很多事物会模糊，大脑会麻木，精神也会颠倒无疑。

第二是可以坦率地承认自己的缺点、过失和错误。在好朋友面前人为地掩饰，反而显得很虚伪，不如直截了当把自己的问题袒露出来。当然，当你发现朋友身上的毛病，也应该直率地当面指出来，而非事后、背后去做评点。这就是所谓比较高的"诤友"的境界。

第三是处事爽快。我发现即时回应就比较有感觉。朋友请你帮忙，你一定要尽快地，最好是在第一时间就为之落实、办妥，这点我自己就总是如此。朋友托我办的事，我基本上当他面就会立即打电话处理好。我发现这种方式给对方受重视的感受完全不同，对友情的提速也大有帮助。反之，你把一件事拖了很长时间，尽管也办好了，但对方的愉悦感会大打折扣。因为他是来求助于你的，本身就多少带有自尊心理的障碍，而你的爽快无疑会很快抚平他的障碍。

第四是诉说你的秘密。每个人内心都会有一些难以告人的秘密，但你对好朋友不妨诉说。过去我们讲"以心换心"，就是这个道理。你把你的秘密同这个朋友分享了，不仅让对方的信任感自然上升，还会给予他作为挚友的一种成就感。和对方共商问题，是一种心灵的沟通。这就叫"知己知彼"和"知心"嘛！

其实，能把心里话说与别人，也是一种能力。

钱庄 这4条看似普通，其实是结交挚友的高招，挚友就是人的财富。美国的社会学家杰拉尔德·莫伦霍斯特说过，拥有知心朋友就相当于构造了一道安全网。

车车 最后再讲一个关于李嘉诚的小故事。

大家知道，李嘉诚早年是从做小小的塑胶花开始创业的。有一次，一位需要大量塑胶花的订货商找到他，但对方要求他提供具有实力人士的亲笔担保书。那时的李嘉诚谁也不认识，但他没有放弃，连夜设计了9款样品放到订货商面前，并坦诚地说："我实在找不到殷实的厂商为我担保，十分抱歉。"这时对方却笑着说："李先生，你不必担心，我已经为你找好了担保人。"李嘉诚愣住了，订货商接着说："这个担保人就是你，是你的真诚。"正是这次成功的合作，让长江公司站稳了脚跟，真诚也由此成了李嘉诚的"财富密码"。

用率真去交挚友，以友情来滋养心灵，并且先付出，应该是我们精神生命最好的保健品，也是事业成功最好的助推器。

婚姻有11张保鲜膜

钱莊 一个平时很内向的女孩子，一天早晨却突然兴奋得逢人便笑逐
颜开。周围人不解，问其因，她大声说："我有保险啦！一辈子
的保险！"原来，同她交往了五六年的男朋友，昨天终于和她去
领结婚证了。

很显然，在这位女孩的心目中，结婚证就是婚姻的保单。

车车 这个女孩子的话，其实代表了好多人的想法。不能说她错，只
能说她傻。问题是她不懂得，人是生活在运动、发展、变化过程
中的，尤其人的观念，也包括她自己。

变，是人成长的核心。那婚姻的核心是不变的吗？不是，不变
的应该说是夫妻双方的关系，而非婚姻生活中的诸多元素。

如何以不变应万变？首先必须知道，婚姻是生来就没有保险
的，万变而不离其宗的"宗"是何物？保鲜。

钱莊 保鲜二字，你以前也讲过，它等于学习两个字。学习了解对方，
学习理解对方，学习共同的知识，学习彼此都感兴趣的东西
……

车车 我的许多心得也都是学习和体验来的，今天把它们归纳一下，

可以说是送给读者的 11 张婚姻保鲜膜吧！

第 1 张是欣赏。欣赏的基础是知心,先在生活中通过共同爱好的培养,产生更多的共同语言,更多地了解对方内心的声音,通过学会体验对方,心灵沟通了,情感交融了,就会从彼此认同达到彼此欣赏。

第 2 张是志同道合。建立共同的理想和目标,这可以是大的人生志向,也可以是某个生活的小项目,但必须是共同去完成它。在这过程中培养更多共同的爱好,如一同旅游,看电影,运动,也可以一起看一本书,或者一同打一次牌等。彼此还应该学一点对方工作的职业知识,就会多一点共同语言。

第 3 张是关心孩子。孩子是爱情的结晶,婚姻的作品,夫妻双方共同给予孩子更多的时间,更多的关爱,不仅有益于孩子的健康成长,而且能更好地提升婚姻的质量。反之,与孩子一旦出现矛盾,也会折射到夫妻身上的。

第 4 张是热情。夫妻对对方均应充满热情,多一点笑声,多回忆彼此间美好的生活情景,用热情之光驱除生活中可能产生的阴影。

第 5 张是互补互帮。家庭生活中夫妻可能有分工,但双方应该尽可能去帮助对方,而不应认定哪件事应该谁干。更好的是共同参与,譬如妻子会烧菜,那丈夫可以去买菜,把菜洗好了让妻子去烹调嘛。还有就是共同完成家的装修和布置,这一点很重要,我也无数次地呼吁过,它会十分有效地促进夫妻之间的情感。

第6张是睡衣。尤其是妻子要有一件很好的睡衣。男人是雄性动物,也是多情的动物,当拼搏了一天的他回到家中,肯定会在妻子的这件睡衣上,读出柔情与温暖。当然我建议男士也应该有一件好的睡衣,让自己更绅士些。

第7张是有隙。这个"隙"怎么理解?就是适当的间隙。譬如在有条件的情况下,使用各自的卫生间,像刷牙、如厕等至少不同时使用,这是说夫妻间也要善于保护某些隐私,要注意把美的一面多留给对方,而避免过分的随意。

第8张是依赖。恋爱的时候,往往多讲爱情,结婚后更多的则转化成为亲情,这是夫妻相伴一生、白头偕老的最根本的基础。婚姻生活中需要彼此的留恋、在乎,特别是互相的依赖。我们经常会被公园里一对老夫妻手搀着手散步的情景所感动,这就叫依赖。

第9张是不断付出。婚姻是需要彼此付出的,不光是恋爱要付出,建立一个家庭后更要付出,如果哪一方不再付出了,婚姻一定会出问题。而且要不断地付出。我们生活空间的硬件都要保洁,何况情感空间呢?付出就是为了保洁,保洁为的是永不折旧。

第10张叫不猜谜。有些夫妻不管是对某个生活目的,或者个人喜好的细节,都不喜欢直截了当地向对方表达,而总是喜欢让对方猜。当然这偶尔作为夫妻情感的小佐料亦可,但如果变成习惯则贻害多多。因为一方一旦猜错或者未猜出来,另一方的情绪必定一落千丈,乃至抱怨,反而影响了正常的交流。所以我提倡的是,把需求,乃至抱怨都说出来。

第11张是用良心激发爱心。或许喜新厌旧是人类这种动物的天性,夫妻朝夕相处,长年厮守,彼此情感如不刷新,就难免会出现所谓"花心"的意念,甚至行为。那怎么应对?我认为打好自己的良心牌,就如同职场上的"以德换能"一样。唤起了良心,"花心"就会不安;如果有背叛就会内疚,那再继续呼唤,另一个受到良心的谴责后就会忏悔。

那良心牌的关键是什么?是无条件的爱。这包括深爱对方,用心去爱孩子,爱双方的父母,爱共同创造的家。以真挚朴素的善,去不断改善难以停留在外表的美,若持久必会激发对方巨大的爱。再借用心理专家的一句话:"让'爱的箱子'再满一点。"

钱莊 很实用的11张保鲜膜,如果可以做到,那才是真正的婚姻保单。应该承认,婚姻生活有时是浪漫的,有时也是平淡、枯燥的,只有保鲜才能不断激活生活中的激情。

古人说夫妻是"百年修得同船渡"，由于我们身处在一个多变、速变的时代，恐怕拥有这11张保鲜膜的婚姻之船才能与时俱进，一往无前。

车车 婚姻是一门学问，更需要用心经营。我分析过离婚的原因：个性不一致，这可能是前提，但还有志趣、智慧、精神等诸多因素，所以我们千万不能忽略共同精神追求这一重要的黏合剂。当然婚姻还有许多方法与技巧，我今天说的这11张婚姻保鲜膜也只是其中很小的一部分，而经营的核心是：学习对方的喜好，让感情升级。平日在情感的账户上多储蓄一点，更不要随意透支。

把家当成一棵树

车车 把家当成一棵树——这是我的理念。

为什么？理查德·卡尔森在他的书中说："爱植物本来的样子是很容易的，因此栽种一棵植物可以提供给我们一个绝佳的机会练习无条件的爱。"

对于家庭，我们不正是需要一种"无条件的爱"嘛！他的话给了我莫大的启发，本来我们都在精神生活的目标下，寻找内在的平和，但一旦有了前提条件，期望对方所作所为都符合自己的意愿，期望对方会遵照自己的行为方式而改变，那一切就会变得很困难,因为你往往会失望,你在期待回报,你有了功利心。

人们养宠物也在图回报,哪怕让它为你叫几声。只有植物,你每天默默地浇灌它,它也只是默默地生长。直到哪一天,你忽然发现它已经长成了一片绿荫,那你内心的愉悦是无法形容的。不要回报,你也许会生活得更自如、幸福。

钱莊 把家当成一棵树,这个理念太好了!练习无条件的爱,其实真正受益者还是你自己。因为你就不会失望,也不会烦恼,反而会拥有更多的爱。

车车 《秘密》一书中,就透露了这样的一个秘密:"想要获得爱,就让自己填满爱,直到你成为爱的磁铁。"

成为磁铁,那就异性相吸了嘛。《时尚家居》的主编殷智贤女士经常同我交流家庭观,她说过,夫妻不一定要完全志同道合,互补型的也很好。我觉得很有道理,如今社会知识和工种分化越来越细了,20世纪70年代后的夫妻已从过去整体全面的志同道合,开始过渡到互补型时代了,局部的志同道合也完全可从互补到相吸。

为什么要"练习"无条件的爱?因为许多人还不懂得这种爱必须是夫妻共同精心种植和培养的。这里我有个"四同"的小体验可供大家参考。

一是同餐：全家人一起吃饭会促进沟通，如果饭桌上再讲一两个风趣幽默的小故事，更会平添快乐的氛围。

二是同游：家人一同外出旅游是非常好的亲情体验，同处一个情境的体验，更对小孩身心成长益处良多。特别是一家人在异国他乡，或深山丛林中，更会感受到亲情的价值。

三是同读：譬如同读一本书，同看一部电影，像《唐山大地震》、《2012》等大制作电影我就一定等全家人都凑齐才去影院观看，体验效果肯定不同，回来大家又多了共同交流的话题。

四是同做：就是争取全家人都来参与做一件事，哪怕是配合烧一桌菜，共同讨论房子的装修。

借此我尤其要强调房屋装修对家庭生活的正作用，其实房子不光是家的硬件，更是情感的载体。人为什么对母亲特别有感情？母亲为了孕育我们而十月怀胎呀，房子的装修也是同理。如果住进的是全装修房，双方入住时的幸福感肯定要差许多，因为没有享受到共同谈论、奔波、参与装修生活空间的过程嘛。所以我是建议装修房子尽量慢一点，就像梳头、化妆、洗澡那样用轻松愉快的心情去面对，每天花两个多小时也就够了，也用十个月的时间嘛。在这个过程中让感情升温，共同把房子当成爱的结晶来装饰。甚至，有条件的家庭还可以把客厅装修成一个随时可以与爱人起舞的浪漫空间。拥有30年婚姻的夫妻，如果中间有条件重新装修五六次房屋，那必能有助于稳定夫妻感情，因为家居的刷新带动了情感的刷新嘛。

钱庄 你的这个倡议非常好，用共同装修来加深夫妻间的情感，即使是共同去面对装修过程中碰到的烦恼和困难……前些年有篇很有名的小说，就叫《分享艰难》，说的就是这个道理。因为无条件的爱，不光是接受阳光和微笑，更要利用这种爱的能量，去化解生活中可能出现的阴霾与痛苦。

车车 责任是阳光，爱是云和月。家庭中即使遇到争吵，也不必过分敏感，从科学的角度来看，偶尔的小吵小闹还有益于身心健康，因为人的性格、兴趣不可能完全一样，小吵中也可以获得互补。不过，随后的及时修复非常重要。

美国有一对夫妻，本来很开心地开车去看尼亚加拉大瀑布，可忽然为一件小事，在整个三小时的车程中一路争吵。结果到了瀑布前，妻子就是不肯下车，她生气地说："过程不幸福，结果也就没意思了！"于是，景点所有的美感都没有了，彼此心情还糟糕到极致。其实是因为他们没能在旅途中及时修复，就演变成了一种"爱的脱磁"现象。

对于亲情的修复，不管是夫妻之间，与下一代之间，还是与对方的长辈之间都千万不能忽视。对此我的体会首先还是无条件的爱，具体方法：一是用真诚的善意去明确示好和付出；二是再积累和调动储存的恩情，让彼此回忆起相处的美好场景；三是以主动的姿态去感动对方。

我曾经看过一部叫《沉睡魔咒》的大片，非常感动，故事以爱唤爱，对人心智的成长与对爱的认知都很有帮助。

人在25～35岁时是爱情时代，35～45岁应该进入友情时代，45岁以上是"友情＋亲情"的时代，60岁以上则是恩情时代了。所以相爱的夫妻恋人，还一定要爱对方的亲人，爱对方的父母、兄弟姐妹。哈佛大学泰勒·本-沙哈尔教授谈幸福时就讲，多花时间和我们喜欢关心的人，且喜欢关心我们的人在一起。

爱一棵树，肯定要爱这棵树的每一片叶子。

记得八年前一个春节，我在家体验亲情，有感而发随手写了首小诗，现在拿出来与大家分享，相信会赢得一些共鸣吧！

<blockquote>
家不仅是漂亮的房子

家是心与心的交融

家不仅是豪华的装饰

家是情绪倾诉的空间

家是风雨同行的船

家是心灵的港湾

家是心情的湖泊

家是心中的泰山

家是温暖的怀抱
</blockquote>

家是一生的归宿

钱莊　的确,家是心灵的港湾,当疲惫的心灵需要休息时,港湾一定是
无条件地张开它的怀抱来迎候你的。

车车　在一起,就是无条件,也就是忘我与无私。

The
WISDOM OF EXPERIENCE

生活时空里的另类感悟

情商第一

钱莊 有一个英文词汇的缩写叫EQ，就是情商。过去，对一个成功者或优秀的人，人们总会认为他是智商高，比常人高，但不知道智商（IQ）其实只有0.1的功效，而情商的效用起码是前者的10倍。你好像还说过"只有情商，没有智商"的话。

车车 我讲的是：情商第一。国外专家把EQ称为"情感能力"。因为情商是对情感认知、开发和体验的能力，也是人所有能力中最大的能力。如果说智商是一个人思维能力作用于外部世界的表现，那情商则是一个人内在精神世界作用与外在环境的表现。

情商，也并不是个老掉牙的词，因为很多人并没有真正了解情商。情商的本质就是我专门会谈到的"九情九欲"，只有我们了

105

解了人的"九情九欲"，才能更好地了解并运用情商。

可惜现在国内的一些大学课程讲情商，我看仍讲得比较浅，非常概念化，也不完整，因为还没有深入研究"九情九欲"。书本上讲的情商，基本都是教你如何控制情绪。但我认为情商的本质是情绪的张扬，张扬的过程就是自己个性的呈现、气质的展示，以形成气场。当然负情绪也要适当控制，短暂地压制和收敛。譬如说，对方伤害了你，你非常怒，要将手中一只杯子砸过去，但瞬间还是控制了，没把杯子砸向对方而是砸在地上，这就是情商。

情商的开发不是靠书本和知识，更多来自生活的实践与体验。还要再补充一点：21世纪的需求是什么？一是体验；二是高科技；三是心理学；四是拥有二至三种技能与复合知识，这些与智商有关，但更关乎情商。情商会决定我们的成就。

钱莊　情感体验和思想体验同样重要，否则没有情商，也没有智商。

车车　这其实是相辅相成的，情商促进智商，智商服务情商。情商之父丹尼尔·戈尔曼说："不了解自己真实感受的人，必定沦为感觉的奴隶。"所谓"真实的感受"，就是"九情九欲"，这是情商的首位。

第二个我们要谈到的是情境。情境很简单，大家在状态中，在事物中，在当下，你是不是也在？只要在，这叫作情境当中，那么你是情商高的。

我和《第五项修炼》的作者一起来到一片沙漠，我对他说："彼得，你看我们现在在这么美的沙漠里边，可我的心却不在这里。"

这是真的。我每次出去旅游，心都不在旅游胜地；但我每天在工作的时候，我的心都在工作现场。说到底我对旅游本身或者说旅游地点，对那片沙漠不感兴趣，所以我心不在焉。但我要是去贩卖沙子或做旅游生意可能情况又不同，也许会看到一整片沙漠就眼睛发亮。

所以说情商，就是指人所处的情境，或者说对情境的切入，这是培养情商的空间。比如你在单位工作也好，你和客人吃饭也好，和男朋友谈恋爱也好，你都不在那个情境里，你心不在现场，人不附于环境，单位会赏识你吗？客人会认同你吗？男朋友会爱上你吗？

小孩子上学为什么成绩有好坏？关键是有的孩子心不在课堂上，因为思想会飞，飞到别的地方去了，他的成绩怎么会优秀？

第三点是情感，情感培养兴趣，人的兴趣是第一兴趣。第四点是情结。第五点是情操，包括品德、修养。第六点是爱心，对他人的爱心，善于与他人交心的亲和力，亲情、友情，爱大自然、爱社会、爱祖国的大爱……

钱莊 大家都在谈情商，但你是把情商的六大构成分析出来了。那我们是否再把情感和情结拎出来细说一下？

车车 情结是什么？专业上叫情结，外国人叫作情绪链。当我们执着于一件事，呼吸都会紧张，做梦都在想，情绪就打结了。心中每重复一次，情绪链就粗壮一分，像是一种不解之缘。没有情绪链就很难进入情境，就很难有成就感。

《秘密》一书的作者澳洲人朗达·拜恩指出："情绪是非常有价值的工具，能立即告知我们自己在想什么。"情绪分为正情绪和负情绪，我们很多人一般都只培养或利用正情绪，但是要做一名好的领导者，势必还要掌握自己的负情绪，并能为之善用。我们还要研究如何张扬情绪和控制情绪，它们两者也是相辅相成的，合理运用才能使自己更有智慧。

钱莊 情绪，心理学通常指：感觉及其特有的思想、生理与心理的状态及相关的行为倾向。为什么有的人情商不高呢？其实大家只要神智健全，情商都是差不多的。其差别在于，有没有深入地进入情感的环境里边去。

车车 哪个人是天生有情感的？没有。为什么人们大都对自己的母亲的感情特别深，因为人一降生第一眼看到的就是妈妈，妈妈给你喂奶、抱你，给你洗澡换衣，这些都是情感构成的情境。而你就是长期在这样的情境中，渐渐形成了对母亲那一份特殊的情感，形成了情结。

而在事业和工作上，还有调查发现：情商对于员工的绩效评估，至少是认知能力的两倍，而且在顶尖领导者的表现中占到85%以上。因为情商高的人懂得：情境容易找本质，情感容易找联系，情结容易找规律。

那如果你对某件事情没有进入情境，没有情感，没有形成情结，你产生的成就感必然没有那么大，也就没有归属感。

情境会激发情商

钱莊 《错觉》一书的作者美国人约瑟夫·哈里南分析过：我们看到的只是自己感觉的那一部分，我们只注意自己希望看到的。这都是情境的原因。他还说"了解事情发生的情境极有必要"，可以说情境是情商开发的最重要的外因。

车车 对，情境会激发人的情商！

情境是由各种各样的事物产生的，譬如有成就感也是情境；受到别人的表扬，也能产生一个情境；碰到对手或敌人的挑战，也是一种情境；你去消费，那商场或饭店就是情境；你去旅游，自然环境是情境；小孩上课，课桌、老师和写字的黑板是情境……2010年上海世界博览会的美国馆我觉得建得很好，因为它就是通过情境化的演绎来体现美国精神的。

在情境中人就能进入四维生活；反过来说，人的立体思维也就是情境。

关于情境，著名心理学家弗雷德里克·皮尔斯认为：情境就是此时此刻，是当下，是唯一的现实。对我们来说，除了此时此刻的情境以外，不存在任何别的东西。人的注意力往往是不够集中的，那就更需要让大脑情境化。它会让你完全处于状态之中，并更投入当下。

情商高的人，反应于当前情境，并被当前情境所指引。这种人的反应是灵活的，是现实主义的。他们与现实处于完全接触中，客观地感觉情境的各个方面，而不是通过不合理的幻想、经验、书本或他人的指示察看情境。

钱莊 说到底，活在情境中，那就是接触真实，面对现实，客观、自然地应对，要去除太多的幻想，去除教条。

车车 情境对于当年的毛泽东来说，就是实事求是，找出本质，找出规律,按事情的本质规律办事。譬如当时社会的本质就是,农民要有土地和粮食。而面对情境的方法便是:一调查研究,二总结经验,三提炼思想,四理论指导。

所谓的情境领导用一句话解释就是,管理者在领导和管理团队时,不能用一成不变的方法,而要随着情况和环境的改变,来改变自己的领导和管理方式。其核心就是《孙子兵法》上的"因人而异,因地制宜"。

前面提到2005年,我和彼得·圣吉在沙漠里旅游,他还说过一段话:领导力的本质,在于将愿景与现实联系起来,让个人愿景成为共同愿景。树立愿景不难,真正难的是开诚布公地面对现实。他这里说的面对现实,就是在情境中。

钱莊 古人言"触景生情"和"近朱者赤,近墨者黑",都是讲情境对情感的影响。关键要在那个情境当中,才能建立情感;情感的浓度,会凝成情结,再进入情境,这是个循环。

车车 我参加过智英组织,听过彼得·圣吉先生的很多深度会谈。什么是深度会谈呢?就是讨论细节,剖析得细,当然前提是听得细。很简单,他首先教我们怎么听,我说我们不会听吗?后来我听他讲课后,才明白听也是有技巧的。要学会倾听,听的本身就是你在记,并融入那种情境当中。假如连场景都记不住,那你就不在这情境当中了。

还有就是讨论,它会增强你的记忆,激发你的灵感。因为讨论的本身就构成了一个情境。故事也是情景。一幢建筑,为什么除了规划图、施工图,还要先出效果图? 就是通过情境规划,激发对方的认同感。

我们红星美凯龙的商场,办公区通常设在顶层,员工上下班每天都要经过各个楼层,目的就是通过情境来增强管理人员的现场感、第一时间感,从而提升他们对市场的敏锐与快速反应能力。

人在那里一天,心就要在那里,眼睛就要在那里,耳朵就要在那里,我们的思考才在那里。不要我们的人在那里,心却不在那里,脑子也不转动。而高情商的基本特征之一,就是专注力强。情商会帮助你抓住事物的精髓,知道该把注意力聚焦在何处,如何聚焦。

大脑要做眼睛的老师

钱莊 "美",一向是你讲得比较多的话题,也是你在各个环节上孜孜以求的。

车车 审美太重要了!

假如我们的人不懂得审美,就不可能注重形象,也不可能有高素质。

一个人的素质、修养及品位是从审美开始的,幸福的更高境界也是从审美开始的。我发现许多人不懂幸福,把吃饭、睡觉、玩、夫妻生活当成幸福,这是最基本层次的。高境界的幸福应该是追求美,更高的层次就是品质之美、品味之美、艺术之美、文化之美和感觉之美。所以我现在提倡要多看艺术类的新闻,培养艺术感觉,可以促进和改善人的思维方式。

学会审美,是一个人品位的开始。我现在就很注重审美与生活情趣的结合。譬如有次我到天目湖畔的涵田度假村(位于江苏省溧阳市),用早餐时,我就一定要求服务员把餐桌摆到室外的湖边,喝着清醇的茗茶,看着那晨光中静静的湖面,眼前堪称"天下第一景"啊!

美往往与爱连在一起,爱大自然,爱社会,爱朋友,爱工作,爱生活,但还要懂得欣赏其中的美。美与爱是幸福的DNA。不懂得爱中之美,是不幸福的,无法真正享受到人生的乐趣。

钱莊 如何审美?你说过一是审物,二是审事,三是审人。

车车 审物最广泛,包括平面的、空间的,但首先要认定哪个美哪个不美。比如说一个物体,就说一只杯子吧,这只杯子不如那只杯子漂亮,因为这只杯子造型太一般。那么我为什么认为它不够漂亮？因为它就是一只普通的杯子，除了可以盛水以外，没有一点吸引我的地方，我就审定它不漂亮。在米兰设计展上看到的许多杯子，我感觉都特别漂亮，因为它们有创意，它们不仅是杯子，还是一件艺术品，我就认定了它们很美。这也就是审美的审定。

一些高档的场所，装修为何大多只用黑白灰金？我开始思考，哦，高品质的本质就是单纯。

还要注意用心。我是近视眼，把眼镜脱下来时，看东西好像就不那么清楚了。后来我发现，其实戴不戴眼镜看东西都要仔细，才会容易记忆，否则戴眼镜看东西的敏感度一样不行。

审事就是看一件事情完美不完美，说出来的话得体不得体。这是一个更高些的层次。一篇文章写得好，就是做得很美。一个问题解决得好，也叫处理得漂亮。要学会用美来评判我们的工作和生活。我平时都是用美来要求和规范自己的，不美就不舒服。

审人，那就更高了。不光看人的外部形象，更要观察、判断，分析其个性、气质，以及形象定位与身份、环境等关系，包括善良、真诚、上进这些心灵之美的元素。当然我还讲过，人的形象、素质都是硬件，要通过形象等硬件去拉动内在的软件。

钱莊 人跟人不一样，审美偏差很大。譬如说这个手机你觉得很酷，很美,但他就是认为不好看,不喜欢。特别是审美的普遍性与审美的个性化问题,在一个与美直接相关的行业,如何更好地处理呢?

车车 这确实有个选择。你提到行业,行业的审美一定要考虑普遍性,特别是大众审美还处在初级阶段时。我们搞经营与管理的尤其要重视这一点,否则就不能做生意。

曾经有人向我提出,要去片面追求审美个性化,我告诉他不对,刚开始我们一定要学习审美的普遍性,先弄懂了普遍性才能与社会接轨。艺术家是讲个性化审美的,但我们的顾客绝大部分不是艺术家。

延安时期,毛泽东与梁漱溟有过一次争论,话题就是人性的特殊性与大众文化的关系。我现在研究中国人的审美观,毕竟其中设计师和艺术家还是极少数,太个性化的人也是极少数,所以大部分的人存在很多相同点。一个人能够读懂自己,就能读懂中国百分之八九十的人、世界上百分之七八十的人。

我们的春节联欢晚会来回也就是那几个小品、那几个东西,它们就是满足我们的不同性格喜好的几种类型。比如赵本山,出来就装得傻呵呵的,那个小沈阳也装得傻傻的,为什么这种类型最吃香?这就是因为审美的普遍性。因为过年了大家都要放松一下,这个普遍性就形成了共鸣。很多成功的大片,也就是赢得了轻松审美的共性。现在出来了一个周立波，我个人很欣赏，但他是满足聪明人的，相对来说，他个性化强一点。

钱莊　我发现，你现在经常会打车，是为了去了解大家的想法？

车车　有次我在地铁上，被一个顾客认出来了，他很惊讶地嚷道："你是车总吧，怎么你还坐地铁？"其实他不知道我现在有时间就去乘地铁，去了解大众的审美，寻找与顾客的共鸣点。

因为审美的主观性很关键，它是自身定位与物、事、人之间的对接。对美的观察、发现和审视，其实很大程度上还来自人本身的文化底蕴（知识）、素质修养（见识），甚至道德评判（品格）。说到底还是那一时段，或者讲那一刻你的思维所决定的。

审美绝对来源于思维，所以要让大脑成为眼睛的老师！我写过一段关于"自己的眼睛"的短信，这里可以借过来说明问题：

"一双刻毒的眼睛，看到的都是有缺点的人；一双傲慢的眼睛，看到的都是愚蠢的人；一双自信的眼睛，看到的都是力量；一双善良的眼睛，看到的都是朋友；一双尊重的眼睛，看到的都是尊重；一双梦想的眼睛，看到的都是潜在；一双学习的眼睛，看到的都是智慧。"

钱莊　同样，一双懂得美的眼睛，才会发现美。罗丹就说过："生活中不是缺少美,而是缺少发现美的眼睛。"

审美:世界的认定

钱莊 审美又从哪里开始? 我注意到你前面讲到一个认定,它应该是审美的一种方法论吧?

车车 审美应该是从认定开始的,就是当时我们眼光的确定性。它是程序,是观察你的审美对象后,审定、认定,认定以后你再去求证,再了解,然后再一次认定。随着我们的年龄、阅历的增长,会提升或改变我们的审美,它是会上下浮动的。但如果对事物的审美,时时刻刻总不认定,就等于不知道好坏,就是没有主见。

因此第一点,我们自己要认定它,好就是好,不好就是不好,不要模糊,审美不能模棱两可。比如你旅游回来,人家问:那里的风景美不美? 你回答说"好像还可以",那就完蛋了。什么是美? 美在哪里? 在审美上,第一步都不清晰地认定,那等于什么都没有。

第二点就是考证,通过专家确认,不是一个人而是几个人。我一直认为能够创造美的人,都是专家。通过专家的确认,然后自己再认定、再考证。几年前,我同女儿谈到审美,发现那时的她有一个错误的认识,就是对事物纯粹靠自己的感觉来判断,而不习惯请教专家。当然，自己首先要有判断，但判断后就要求证，找专家互动。如果不确定，就多找几个专家，找出优秀的专家，然后再判断，形成自己的审美。

审美还是有阶层性的。以前是科员，后来变科长，审美就会不一样，因此一定要再考证。科长升局长肯定会换家具，草根成了明星肯定要换造型，一夜暴富的肯定要换房子，业务员提升为主管肯定要换行为举止……我们在考证审美的时候，至少要涵括三个阶层。

钱莊 美其实是礼文化的延伸，它有很大的社会、时代背景的因素在里面。有个观点叫"一只手的距离"。你的审美与大众审美不能完全在一条水平线上，但也不能太超前。同在一线上没有提升，而太超前人家又不乐意拽住你。你首先往前走，但要保持一只手的距离，确保时时能拉着大众一同与时俱进。

车车 对啊！所以我们要学会时时刻刻去认定，这就是方法论，我们就会成长很快。

审美如何定位？首先要懂得审美的构成。美的角度比较多，所以审美是在变化、动态中的。不同的人有不同的审美标准，但对形象、对环境、对大自然美的认识，还是有一定共识的。

当然，审美一个最重要的概念，就是主见。主见是人的灵魂。

有主见、有正确的定位，才能获得正确的审美。

钱莊 过去我们搞创作，有句话叫"博采众长，自作主张"。主见是你对外部世界的各种事物及人，做出你内部世界的认识和反映，属于你自己的判断。

车车 最近我还有个发现，城市马路一定要是黑色的，这样路面有点灰尘也不容易看出来，路边的树才会绿得好看，马路上的白线才白，黄线才黄。地面的颜色太重要了，马路不黑，天空的云也不那么白，两边的房子也不那么美，因为建筑大都是淡灰色的，马路如果也是灰的，那就糊掉了。香港和北欧的城市为什么感觉特别清洁漂亮，主要就是因为那儿的马路是黑的，有反差才有立体感。当然这属于城市的公共审美领域了，但社会必须重视艺术、品位。现在字画卖得特别贵还不行，一个高雅的环境应该更值钱。

话倒过来说，没有最美，只有审美。所以，审美要从认定开始，才会产生有价值的审美。

流行文化就是读懂当下人性

钱莊 最近发现你也换了苹果 iPhone6 手机，过去你好像总不肯轻易

119

更换手机，即使很陈旧了还在使用，那现在经常更换手机是什么动因呢？

车车 其实过去我不更换手机只是因为一种习惯，使用的习惯。后来另加了两台 iPhone3GS 和 iPhone4，现在又换了最新的 iPhone6，目的是研究和体验当下的年轻人为什么会对它如此热烈追捧。

前些年，就个人的感觉我更喜欢 iPhone3GS，因为它的角是圆的，手感更好；iPhone4 的角是方的，要厚重些。我在想如果它先面世，是否依然一样风靡呢？会的。我发现了，人的天性是喜新厌旧的，不在于什么先出来，而在于什么新出来。苹果成功在哪里？就成功在它不断地更新，推陈出新，为了符合当下流行的审美口味——苹果的成功，正在于流行文化的一种成功。

前些年去了一趟韩国，考察乐天购物的商业模式，他们有一句话让我印象深刻："读懂顾客的内（心）需（求）。"还有一句叫："超出你期待的价值。"那么，乐天为什么获得成功？一定是在不断地解读着当下的人性需求，从而创造出与之相符的流行商业。

钱莊 维珍品牌的创始人 Richard Branson（理查德·布兰森）说过："不要让客户只把你的地盘当作买卖东西或获得服务的地方，要让他们觉得'那是一个好玩的去处'。"其实这也是讲要读懂人性。联想到红星美凯龙商场里搞的未来之家、爱家森林、时光云梯等，都是与当下人性有关的创意。

车车 流行文化其实也是一种创新文化,也有人称之为"简洁主义"、"实用主义"。细想这是对的。电脑、互联网把世界变小了,距离缩短了,人与世界的关系当然会更直接、更功利、更赤裸裸。

现在世界的人性主要是现实主义的,那么,谁也不能与人性做斗争。人性受时代变迁和文化的影响。过去的人要么做奴隶,要么就被杀掉,是没有自我的。现在人本主义,核心就是人。有了个人,有自我有天地,就有了世界。

有自我当然是社会进步,它突破了传统文化的束缚,使任何事情都加速了、简单了。因为它从原先的过程导向改变为结果导向,这就带来了生活的转型,以至于世界文化的转型。

《环球时报》曾有篇评论说:"流行文化或将统治一切。"文章分析说,奥巴马正是巧妙地利用了流行文化的巨大影响力,为自己的总统选举大造声势。最后他不仅在大选中胜出,甚至自己都成了美国流行文化的一位明星。由此他也必将更有力地推动流行文化的发展。反过来说,正是流行文化为奥巴马成功上台做了人们的心理铺垫。像歌王迈克尔·杰克逊、流行音乐之王鲍勃·迪伦、球王乔丹、"老虎"伍兹、盲人歌王波切利等都可以说是流行文化的代表,在全世界都受到欢迎,这就是流行文化的力量。2012 年,成为"韩国名片"的MV《江南 style》居然引爆了全球,连联合国秘书长潘基文都与那位"鸟叔"在会议室大跳骑马舞,这不正是流行文化的力量嘛。我们今天之所以聊这个话题，因为它已经开始深刻地影响着我们的社会、经济和生活。

钱莊 人本主义、自我意识的强化，必然使流行文化得到更大的发展，而且还是互动的。

车车 将来的一切，必然更自由独立，具有鲜明的个性。典型的就是当代人的婚姻观，变得不再像过去那样压抑，而更注重轻松、愉快、简单的过程享受。

而流行文化就像我过去常说的"迷踪拳"，它的特质是开放，无定数。iPhone不就是好在满足了流行文化影响下人们视觉与触觉的双重愉悦吗？那位已经离去的乔布斯，为什么能重振当时已经奄奄一息的苹果？正是因为他读懂了当下人性的奥秘。

儒家文化的正负极

钱莊 你多次谈到透过家居看儒家文化的话题，近来又有许多新的延伸，比如你发现的"儒家文化的正负极"。

车车 文化是什么？文化是看不见的手，是社会的潜规则，是人性演变轨迹的导向。尤其2000多年来儒家文化对我们影响之深，其已经成为"东方智慧"的内核。前不久，美国阿斯彭研究所高级研究员与领导力课程的主持人斯基普·巴托（Skip Battle）在接受《环球时报》记者专访时谈道："孔孟思想等中国传统文化所强调的和谐观念是中国的文明，也是中国的财富。""在家庭观念上要远高于西方。"他还特别提出："中国的企业家如果能花一点时间学学中国古代先哲的传统文化，会对他们长期的发展有益。"此前，我思考这个问题，感觉儒家文化更像一只能量无比大的电瓶，一样具有它的正负两极，那就要看今天的我们如何继承、发展和扬弃了。

钱莊 稻盛和夫说："文化比什么都重要。"他创办的京瓷的企业文化"敬天爱人"，其内涵的源来应该也是儒家文化。

车车 儒学的"仁义礼智信、忠孝节勇和"就是儒家文化的精髓。仁爱，第一个是爱人、爱家。为什么我们改革开放激荡三十多年，最初的个体户、私营企业基本上都是家族制的？这就跟爱家文化有关。西方人创业，独往独来，是不流通的。而我们创业，往往会在家族内，像哥哥带弟弟，弟弟再带小舅子，小舅子再带他的小姨子等等，或者就在朋友圈里流通，其实也是儒家文化的流通。

一个人闯荡出头了，还要帮助一帮人出道，当然首先是家人，再是亲戚，再是朋友。这种家族式的照顾，包括资金的帮助、技术的帮助、交流上的帮助等，于家是情，对朋友圈，就是一个义——仁义在此，是儒家文化的正极、正作用。

但由于爱家，讲孝道，中国人似乎不如西方人那样愿意无所羁绊地独闯世界，更多还是情愿窝在国内，只是生活所迫才无奈走出去。这可能就是所谓"父母在，不远游"的理论带来的弊端。为何《西游记》让这么多代人喜欢？就是因为它圆了中国人的远游之梦嘛。不远游，就不了解世界，思维就受到局限，就会丧失创造能力——这是儒家文化的一个负极。

原来所讲的"孝"，无非是养老、送终、听话；现在的"孝"，我觉得更多的是体验、信息互动，是精神交流与沟通。现在的文化包袱变得轻了。

钱莊 之所以能产生电流，是因为接通了正负两极。你刚才讲到家文化，其实我们今天既需要传承家族规则里许多优秀的东西，像正直、勤劳、俭朴等，也需要"离家远游"，去进取、学习和创新。

车车 我再问一个问题，为什么我们很多宾馆大厅都很大？为什么大部分家庭装修房子更注重对客厅的投入？这里面就有儒家的礼文化。

当然还有一点是"爱面子"，佛家也爱面子，因为这两个文化，我们从事的家居业就成了一个很重要的市场。

为什么现在房子建那么多,卖得那么贵,还有那么多人买? 这也是文化的影响。因为我们的灵魂当中,都有孔子的思想在里面,我们是他文化的继承者。房子卖得贵,忍痛也要买,也要把家弄好。其实我们一直生活在儒家文化当中。爷爷都会将儿子、孙子的房子买好、装修好,一代代地传下去。

这又带来了什么? 我们的衣服不是为自己穿的,而是穿给别人看的;化妆、首饰是满足别人视觉的;家里的客厅不是为自己弄的,是为客人参观准备的……这就是儒家文化的束缚。

钱莊 爱家、爱房固然很好,但这里面有缺乏信仰的因素,好像自己没有房子就没有归属感,因为过去穷怕了,所以安全感缺失。

车车 儒家文化的第三点是礼。我们国家号称礼仪之邦,礼其实就是"要面子"。这是儒家文化的后遗症。从古至今为什么有那么多的行贿受贿? 特别典型的是清朝的盐商。因为是礼仪之邦,送礼、送礼,不送礼就难过,没收到就失落,好像不被尊重,彼此都会认为缺少了什么。礼文化可能会异化为腐败,在现代日常生活中,表现为递烟、敬酒,这又是儒家文化的弊端。当然这个负极需要制度、法制去解决。

这个讲面子的礼,还带来一个很大的弊端,那就是浪费。我们日常生活中,婚宴、聚会、商务宴请等,浪费非常严重。往往酒席散时,桌上的酒还剩着,菜也剩着,杯中的饮料甚至还是满满的……好像不剩些就是失礼。我去过东北等地，请吃饭很多菜一起上来，没一会菜都冷了，但主人表示客气呀。喝酒，基本也都是为别人喝的。

可事实上，这种所谓礼节造成的消费观，是对当今社会科学理性生活态度的一种极大的破坏。

东西方人的观念的确有许多不同，例如，西方人把房子盖在坟地边上，甚至家的大门面对坟地，也都不要紧，可能还觉得挺好；但东方人要是家门前有个墓，就会白天不安，晚上也睡不着觉。尽管中国人很讲孝道，但谁也不愿意把上辈的骨灰放在家里。是什么原因呢？应该是观念的问题。西方人信基督教，认为人死后就是神。而东方佛教里有许多鬼怪的传说，影响很大，让人从小就怕鬼。这不光影响我们这一代，还影响到了下一代。记得当时还在读小学的女儿给我讲了个鬼故事，把我吓一大跳：怎么现代化大都市的学校里还在传播迷信？所以我觉得这方面还是可以学习西方的，不要避讳人的死亡。

两种文化，产生的思维和行为都会不同，再举个例子：在机场接受安检，美国人会让你自己主动把腰带解掉，把鞋子脱掉，开始我觉得这样太粗暴、对人太不礼貌了。但后来我觉得其实这是对人的个体尊重的文明做法。反过来，中国的安检处都是拿个仪器直接在你身上弄来弄去，显然身体在被动地接受检查，心里也会产生不适感。

儒家文化的确有非常优秀的东西应该传承,但同时又存在着诸
多缺陷,我们必须认识它的"正负两极"。《经济观察报》曾载一
篇题为"'礼'为什么容易变成裹脚布?"的文章,文中说:"儒家
的许多好意设计本身没什么错,关键是缺乏与世俗保持距离的
超然能力。"我们的社会要从物质时代逐步走向崇尚精神的、艺
术美感的时代,那么,儒家文化如何与时俱进?

钱莊　儒家文化如何与时俱进?这个问题提得非常好。现在老百姓
精神层面的要求比以往更多了,应该建树起与之匹配的新的文
化。因为信仰的危机来自于精神文化的断裂和缺失。

车车　我们再看看历史,2000年之前,中国在搞"克己复礼",让社会兴
盛;500年前欧洲在干什么?在搞文艺复兴,弘扬艺术。文艺复
兴带来什么?艺术、科学、发明,和由此推动的工业革命。

当然,现在的中国正处于二度"青春期"。改革开放,科学发展,
它焕发了巨大的再生能力,那么我们的传统之道就必须融入
当下意识。

《环球时报》有篇文章说:"中国正在不断吸收全世界的优秀价
值观,同时把自己传统的价值放进去,经过中国人的当代实践
而具有新的内涵。"我非常赞同。譬如我们,在传承家文化的基
础上,再结合世界审美潮流。目前红星美凯龙的企业抱负就定
为:以提升中国人的居家品位为己任。

钱莊 这个"品位"，不再是"面子"，而是对"内涵"的追求。我想，这一宏大抱负，应该是基于对千年儒学家文化正极的强化以及对负极的消解吧。

"精、气、神"的协调是生命系统

车车 "精、气、神"的协调是生命系统。这是我关注中医理论后的心得。

因为中医上的很多道理不光应用在我们的生理上，就是对人生、生活、生命，乃至管理都有很大的借鉴与帮助，它是一种文化。"精、气、神"就是其中核心的东西。我同一位中医朋友徐教授不断交流探讨过这方面的话题，也不妨与大家分享。

古人讲过，天有三宝：星、日、月；地有三宝：风、火、水。所谓"精、气、神"，在人生命活动中的重要作用，可称"生命三宝"。

具体来讲，精是人体内的一切"精微物质"，如肌肉、唾液、精子等；气是人体生理功能的"动力"，人的元气、宗气、卫气等；神是人生命活动的外在表现，是人精神世界的核心，如人的意识思维活动、心智、意志力等，是一种元神，是先天赋予的灵性。

精是生命活动的物质基础，气是生命与自然界沟通的一个"中介"，而神是前两者的升华，是生命活动的具体精神体现。三者之间具有相互滋生的特质，即精充气足则神全，神旺当然也带动气足精沛。

钱莊　这也好像一位不知疲倦、永远超越的车手,碰上一辆性能卓越的赛车,同时也要与燃料的关系协调好。

车车　是的,一个思维非常活跃,意志力非常强大(即神极强大)的人,特别是年过50以后,务必要防止精、气用得太过。思维活动过度、过累,是因为事情急需办而强迫自己去处理,这样会伤神,损精气而波及身体,造成内在脏腑失调而形成气血生化不足,或血脉不和,或气血淤滞,或痰、湿、热内积生理、病理变化。久而久之就会形成某个脏腑或多个脏腑的疾病。这就必须经过全身治疗和调理,才能让人的精、气、神三者互相协调工作了。

钱莊　听说有位朋友就多次提醒你,说你是神过于强大的人,也许精、气往往会跟不上神的活动,难以与之配合,此言似有理。

车车　是啊! 多年来,我的"四好":好奇、好强、好拼、好胜,就决定了我"神"的状态。而我的勤劳又是上一辈遗传的,一天工作下来其实很累了,但总觉得没干什么大事,到晚上都会有内疚,甚至有罪恶感。

当然,近来通过对"精、气、神"理论的认识与感知,收益良多。我的这种性情,在创业阶段,对得到小的成功被证实是管用的,但我现在悟到，要获取更大的成功，那就要用"精、气、神"的大智慧，来重新修炼自己的性情，譬如说由心胸宽广带来的宽容、仁慈来平衡掉由好争好胜导致的焦躁不安。所谓："常守平常心，平淡看得失、顺逆。常修仁厚之心，有人生大格局，包容、随缘而处。"

钱莊 你刚才讲平衡很重要，世上万物的生长和存在都讲平衡和协调。天上三宝星日月才构成昼夜循环，让阳光雨露沐浴万物生长；地上三宝风火水才让人丰衣足食，生命生生不息……

车车 现在，我们大力推进绿色环保，提倡低碳生活，也都是为了地球的和谐、平衡与协调。所以在此我建议大家，尤其是如今压力过大的都市人群，一定要懂一点关于精、气、神的知识。

平时我们总听到"心有余而力不足"的话，却不知这是缺乏意识与认知的结果；心有障碍则精不通神，神志懒散又气不贯精。

人年轻时意志力强盛，什么都不注意，而到了老年才注重平衡就晚了。况且人在40岁左右时有道坎，要特别当心。所以在这里，我也把一位医生朋友给我的建议奉献给读者：每周务必大休一天，每月连续大休两天，每季连续大休三天。什么叫大休？就是做到彻底放松休息，什么都不做，包括打电话、会客、逛街等。乌龟为何长寿？它老是蜷缩在龟壳里嘛，叫龟养。神充分放松后，让精、气自身工作，才能让人体各部分能量得以养护和充实,使人体重新回归成精、气、神相互协调、步调一致的完全健康状态。

有条件的话,最好每天中午打个盹,半小时却收效甚佳。不同问题要用不同办法解决,像心脏病人就不适合跑步。而年纪大的人应该坚持多走路,腿老化了,血液就流不到全身。平时闲着,可以经常抖脚,这也是一种原地运动的方法。

养神和气靠休息,养精则要靠休息和锻炼。休息以后还要常锻炼,因为血液流动才能给细胞充分的营养,细胞强壮了,才能产生更多的精微物质。血流到哪里,身体的哪个部位就强壮。所谓健康,就是要保健好身上最差的一个器官。

现在,我还把精、气、神的理论用到了企业管理上:精,就是我们的能力、技术等精微元素;气,则是我们的气质、气度和气势;神,乃是我们的理想、抱负和事业心。一个优秀的管理者,必须是三者齐备,协调到位的。

钱莊 精、气、神的平衡协调学说很简单又很深刻。悟到了,完全可以把社会世象与人生沉浮全打通的。

动静相宜与"休息调配"

钱莊　人都有飞的梦想，当然飞的形态不一定像鸟类。但须知梦想的实现，也要给人体安上"一动一静"两只翅膀。

车车　两只翅膀的比喻很形象，飞禽如果只有一只翅膀不就飞不起来了嘛。

过去我们往往被奋斗拼搏精神所感召，以动为多，却常常忽略了静，变成了一只翅膀。

动与静其实并非矛盾体，它的本质是对立统一的，而且是互相融合、互相作用的。所谓"动中有静，静中有动"，这才是"生命健康的相对论"。

其实过去我也不怎么注重静，不肯休息，但如今感觉生命、身体，完全像企业一样，需要优秀的，甚至卓越的管理，管理不好，生命就会"亏损"，会"破产倒闭"。为此我发明了一个词，叫"休息调配"，动静相宜这才是好管理。

就我而言，如果不安排合理的休息，将来可能5年、10年躺在病床上，那简直无法想象。但如果把那个可能的5年、10年平摊到现在，每年只要多休息2周，有可能多换取20年。将其"货币化"来算，休息1小时多赚100万～500万元，那不就赚大了吗？

巴菲特有个投资的定律,三代就能造就世界首富:假设投资100万元,如果有10%的年增长率,20年便可得670万,相当于本金的6.7倍,40年可得4500万,是45倍,80年可得20.48亿,是2048倍;如果有15%的年增长率,20年可得1600万,是16倍,40年可得2.68亿,是268倍,80年就是717.51亿,是71751倍。看看,太惊人了吧!

同理,我们把休息调整好,每年复合增长15%,20年可赚15倍的利润;那多活20年,再赚15倍,不就多了225倍利润了吗!

只有制定好企业的长期战略,培养好下一代与锻炼、休养好身体,企业才会长青。

钱莊 这非常有道理,可惜大家过去对动的追求比较普遍,对静的认知有所缺或片面,更没有算过这笔账。

古人讲"静若处子,动若脱兔":就是说静态时像未出嫁的姑娘那样持重,而一旦动起来,要如脱兔之敏捷。两者是相辅相成、互为作用的。

车车 事业的奋斗需要充满激情、永不停息地拼搏的动感;但事业的成功,也需要身心与智慧的修炼。而很大程度上,这种修炼多来自一种豁达的静态。

我的观点是,让那种静态很好地融到动感之中,让动多一些韧性，让生命不那么脆弱。而所谓的静态，其实也是相对的静，大自然里许多我们看起来完全呈现静的形态和物质，实际上都是在我们没观察到的状态下，不断变化、运动、发展着的。

生命健康的相对论，在许多人的认知中都很欠缺。现在在高知人群、精英人群，包括企业家之中，亚健康已经是普遍现象，英年早逝的现象也屡屡出现。这很可惜，牺牲了生命，也牺牲了事业。

很多人的误区在于他们不知道亚健康也是病。譬如讲，要先休息，再健身，再旅游，再会客，而不是先会客、旅游、健身，不休息。问题的本质在于他们不懂静的真谛，或者说，就是动静观出了问题。我同中医徐教授多次谈及动静之说，我们聊到过一个很好的例子：

如果说人的生命像一只燃烧的蜂窝煤，那每天是必须定时封煤炉的。使用过蜂球炉的人都有体会，这是在积蓄能量。我小时候睡前常会把炉子封上，煤的燃烧就减少了20倍，但它没有熄灭，呈现的就是它的静态。第二天把炉门打开后，它又可以熊熊地燃烧起来。

为什么说不要让身体透支？储蓄本来就少，花得太多、太频繁，就入不敷出了。而透支带来的后果，往往就是把能量全都燃烧尽，把动的翅膀折断了。

钱莊 世界上没有绝对的静，也无绝对的动。古人讲"磨刀不误砍柴工"，其实磨好刀，不光是不误砍柴的时间，更让砍柴的质量提高了。

车车 对此，我本人深有体会。一次登山，我不小心把手臂划了个口子，鲜血涌出。要是换了过去，我会什么都不顾地接着向上爬了，但现在我懂动静关系了，就休息了两个小时。两小时后，我意外地发现，划破的口子已经愈合了。这一点可以肯定了，伤口在休息的状态下，愈合的时间比在运动的情况下要快10倍。

西方"能量疗法"专家班·琼森博士说："我们都有个称为'自我治疗'的内建程序，受伤后会再复原。遭受细菌感染时，免疫系统会去对付这些细菌，并且治好。免疫系统就是设计来'自疗'的。"休息也就是根据"自疗"的需要来设置的，来调配你身体的内在资源。

"静"还有一个最大的妙处就是养心。佛家的星云大师说："心，是人身上最难管理的一样东西。"心为体，情为用。人常年为七情六欲所围困，就更要调适自身保持一段时间的静态。静方能修身，养心，调养你的精、气、神。所谓祛病三宝，就是：静心、动体、养气；而饮食三宝为均衡、营养和节制，从本质上来说都是一个平衡的学说。

钱莊 人是一个整体，尤其需要平衡。同时，人又是具有新生能力的，美国的约翰·海格林博士告诉我们:"事实上,我们身体的某些部分天天都在更新,有些是几个月,有些则是几年。于是,我们每个人在几年之内就会有一个'全新'的身体。"但这一能力要建立在休息好与运动好的基础上。

车车 最后,我还要推荐一个动静结合最佳的项目,那就是散步。你想一下,夜晚在月光的树影里,缓缓地漫步,驱逐一天的烦琐心事,让身心彻底放松,将会给我们带来怎样的益处?

还有一个就是快走。最新的《中国居民与营养状况调查》结果显示:正常体重的成年人,若在11年内成为超重者,90%的人年增加体重为1.8公斤,意味着每天平均多摄入了81千卡(男)和61千卡(女)的能量。这个能量的产生,仅需我们每天多吃一两口米饭,或一两个素饺子。因此专家建议,每天坚持30分钟快走,会帮助保持健康体重。

高妙的"摇鱼法"

钱莊 第一次听你提起"摇鱼"这个词,感觉非常新鲜,好像它关联到人体、生命,甚至管理等,是否今天我们就来谈一谈这个话题?

车车 是有很大的联系,"摇鱼"其实有许多哲学的内涵。要具体说清楚这个词，那就得先从人体生理的点来展开。

人的指挥系统是什么？中枢神经。那中枢神经又是什么构成的呢？大脑和脊髓。可很多人往往只注重大脑，却忽略脊髓，而脊髓的健康又与脊椎密切相关。他们认为只要大脑管用就行，只重视补脑，不重视脊椎保养，对脊椎酸、痛、弯、曲，都不那么在乎，这个问题就大了，大脑或脊髓一个出问题，指挥系统照样失灵！

钱莊 我国卫生部原部长钱信忠就讲过："脊髓是百病之源。"可对脊髓往往我们是忽略的。现在你这样说就比较明了了，它的问题还会导致精神失常。

车车 我曾经就脊椎问题请教过一位张医师，他的方法是扳和压。通过一定的手法，将变形的脊椎矫正。我不懂医，但总觉得这并非最佳的方法，因为它的原理是硬性矫正。

后来，我又结识了一位来自深圳七代中医世家的徐教授，且不说他是获得过"共和国杰出医学专家"称号的中医师及其在医学领域的独特成就，就凭他的"摇鱼"之说，便让我为之心仪。

徐教授认为：人体的骨骼就像一栋房子的框架结构。房屋要坚固耐用，其框架结构一定要端正和坚固。人的骨骼是环环相扣的，但随着人年龄增长和长期不正确的站姿、坐姿、走姿及睡姿,造成骨骼变形,特别是脊椎间产生不同程度的错位。人体内各个部位组织协调的中枢就是脊椎,它是控制所有器官的服务器。脊椎出问题了,其对应的器官和组织就一定有问题。

徐教授七代祖传的"摇鱼法",是用一手扶住你的腰骶部,另一只手在胸腰椎部(相当于整个脊椎的中部),以掌根用劲顺着脊椎的节律,由轻到重不紧不慢地摇曳。或一手扶着其胸腰椎部,另一只手在其颈胸椎部,用掌根以前法摇曳。最终让你的脊椎得以松懈,让整条脊椎像一条鱼一样地摇动起来。于是你的身体会被摇得很松,很散,把气血和了,把脊髓打通了。不仅腰椎间盘突出等腰椎毛病能纠正、治愈,就如心脏、肾动力等问题,也都可以在享受"摇鱼"中得以改善和强健。

以疏为本的"摇鱼法"的终极目的,就是让脊骨归位,骨髓饱满;化瘀调节,使气血通畅,从而带来全身整体的健康强壮。

我还想了一个方法就是用热水冲脊椎,而且要把水温略调热一些,对准脊椎每次冲3~10分钟。其实这两者原理是一样的。身体哪里有酸和痛,或是身体最差处,就用热水冲。

但我特别感兴趣的是"摇鱼"的那个"摇"字,它不是扳,不是压,也不同于推,而且这过程让你非常轻松愉悦。因为它的本质是疏导、疏通。你可以想象一下,这会是怎样的一种感觉。

钱莊 大禹治水,好就好在疏,而非堵,也就是说不是运用强硬的手段去解决问题。可以想象被"摇"的感觉,是一种舒缓而有节奏的韵律手法。不是还有"扶摇直上"的说法嘛!

车车 "摇"的妙处很多,它会让人产生灵感。如果把"摇"用到管理上,岂不也妙处多多?

"摇"是疏导,是沟通,是顺势而为。在管理上,遇到工作中的问题、员工间的矛盾,如果我们采取类似于"扳和压"的硬性办法去解决,非但解决不到根子上,而且使对方带着消极抵触情绪去执行,效果只会适得其反。而摇多好! 在类似摇曳的感觉中,通过疏导,纠正某些差错或失误,让对方轻松地接受你的观点,在积极快乐中解决问题。

钱莊 "摇鱼"的本意是帮助你增加或恢复生命的能量,所以它本身也是一种力,运用到管理或生活中,它就是高妙的"管理力"。

运动改变你

钱莊 你在给公司管理层编的《平时经》里,开头就是这几句:"平时不休息,就会进医院休息;平时不健身,就会给医生打针;平时不吃杂,细胞就没有吃全。"足见健康在你的生活哲学中的地位,特别是你对运动方面,也有许多独到的体悟。

车车 生命除了思维,就是运动,它不仅保证了人体质的健康,更能够保证人们精神的健康与心态的调整。

要说运动与人体的关系,当然我们首先要认识人体,也就是要了解自己的身体。我发现,很多人往往只对自己的身体产生直接的感觉,譬如哪里不舒服啦,哪里有创痛啦,却毫无科学的、理性的认知,带来的结果是盲目就医,胡乱服药,由此导致的精神萎靡和心理恐惧,其实比疾病本身对人体更有伤害。

我们人体是怎么构成的呢? 它的本质是什么?

我们以往说的"血肉"和"筋骨",只是一个说法而已。人体整个都是由无数的毛细血管构成的,是细胞的组合体,所以确保细胞的健康至关紧要。

过去大家都不懂,现在我们应该知道,细胞是要吃东西的,哪个部位的细胞没有吃,它就会在人体的哪个部位"呼叫"。

细胞的构成主要成分是氨基酸(蛋白质),当然还需要糖分、碳水化合物、脂肪、维生素等,以及矿物质;细胞还要吸氧,还要水分……总之,细胞需要各种营养,健全的细胞才能确保强健的人体,所以我们就一定要珍视细胞,善待细胞。

细胞的要求很高,因此我们就应该把30种以上的食品经常轮换吃,粗细搭配。

要知道血液是走捷径的,一旦有阻塞就绕道,新鲜血液就走不过去。就像小水渠一样,中间放一块泥土,水就绕开了。毛细血管越淤越没有血液到达,白细胞、氧气和细胞营养更过不去,细胞永远没有饭吃。那怎样让我们的细胞更强壮,保证它始终有的吃? 必须通过运动来锻炼。

钱莊 运动会让人血液循环加快,是帮助供血的。正是加快流通的过程,大大提升了细胞的质量。血液转到身体的每个角落,每个角落的细胞都非常兴奋。

车车 运动让细胞兴奋,反而让大脑休息。运动是在帮助细胞吃饭,帮助细胞吸收营养,同时又会把坏的细胞拖出来,消灭掉。就像你在生活中经常有一位高明的人在帮助你,把不好的东西摒弃掉,让好的东西更快提升,你能不因更加健壮、充满活力而感激他吗?

反之,如果你很少运动,甚至从不运动,你充血的机会和数量极少,你的毛细血管就容易堵塞,细胞得不到合理的帮助,吸收营养变得很困难,它的能力也会退化。一旦细胞提前退休,不就出大问题了么?

最近,北京大学医学院附属医院内科主任、"中国健康万里行"组委会科普专家齐伯力教授特别指出:北京在刚结束的健康普查中,很遗憾地得了两个冠军,一个是高血压,一个是高血脂。

那么,他强调什么呢? 他说:"国际上在维多利亚开会有个宣言,这个宣言有三个里程碑,第一个叫平衡饮食,第二个叫有氧运动,第三个叫心理状态。"其实,这第二条与第三条也是关联的。

因为运动本身应该是人生的一种习惯,最优秀的习惯,是生命历练的充电器与加速器。

我现在基本上每天都坚持跑步或散步。这种时候,我总感觉到精神特别抖擞,思维特别敏捷,灵感的光顾往往就在运动时分。关键是运动给予我好习惯,带给我工作投入的状态,人生行动力的"提速"和健康乐观的心态,其价值真的难以估算。

每天快走半小时,再用小腹深呼吸,凝神屏息一分钟。英国剑桥大学的专家研究还表明:快走不仅可促使大脑生成细胞,提高记忆力,使发生混淆的概率大大降低,完成学习和认知任务的能力大大增强,同时对人的心理也大有好处。快走同时也像工作,长时间不工作,智慧就锻炼不起来。

钱莊 世界知名的日本作家村上春树,它的《挪威的森林》千万年轻人为之风靡,前年他却又写了一本很奇怪的书,叫《当我谈跑步时,我谈些什么》,很快也引起轰动。过去我们只知道他是个纯粹的作家,现在才知道他还是已经坚持了30年的长跑者,从夏威夷到剑桥,从本土到希腊,他除了写作就是奔跑,每天都那样坚持,这已经不算习惯了,而完全成为他人生的一部分。

车车 运动本身是一种时间加压力的磨炼,它每一刻都在训练和挑战着你的速度、好胜与毅力。这种训练与挑战日复一日,年复一年,你的身体里、精神里就自然拥有了这种习惯。

在此,我真切希望更多的创业者、奋斗者也成为运动者,通过运动超越你性格的弱点,从而改变你的命运,相信运动对你的人体和人生必将带来意想不到的奇效。

The
WISDOM OF EXPERIENCE

车建新论生活

当下的沉思(三则)

透过大雾朝前看

北京最近一场持续多日的雾霾天气,成了全世界媒体关注的焦点。在一些西方媒体的描述中,北京的天气仿佛是世界末日的降临。一些媒体未经证实,就扣上一顶"史上最严重污染"的帽子。

我是主张看问题不要极左极右的,污染的确是给北京市民的健康带来了很大的影响,但国内外媒体上的一些论调,听起来少了一点平和之心。联想到2011年夏的北京大雨,某些舆论似乎在用一场大水和一场雾霾否定中国的工业化和城镇化的发展方向和伟大成就。中国的工业化和城镇化是功大还是过大,每个人心中都有杆秤。

尽管在发展中遇到这样那样的问题，但发展是硬道理，工业化的方向毋庸置疑！城市化的进程不可逆转！

城市化发展对于人类文明的重要意义，已有定论。大城市服务业的红利，公共设施的红利，交通、教育、医疗、科研、信息资讯、文化艺术、时尚品位的共享，对生活方式、现代文明的提升，在人类文明发展中有巨大的推动作用。尽管城市化的发展会加剧竞争、提高生活成本，甚至要有一些堵车、污染之类的牺牲，但仍然是瑕不掩瑜、利多弊少。况且，城市化带来的创新发明、思想进步和文化艺术的进步，本来就是精神文明的重要组成部分。

世界各地那么多天灾人祸，为什么偏偏北京的一场大雾，激起西方舆论的轩然大波？俗话说得好：为人所批评就是为人所羡慕。有美国媒体从中找到了优越感：中国能在经济上与美国竞争，但比不上美国的环境质量。"嫉妒羡慕恨"隐约可见。

细细品味，外媒上所谓的"吃惊"，出于友善的关心不多，更多是幸灾乐祸的讥笑和别有用心的误导。打开窗户说吧，吃惊的不是大雾，而是大雾背后的中国崛起！

有媒体说，北京的这场雾霾，如同2011年6月"水淹帝都"的大雨，令中国高速的经济发展与城市化，成了不少人眼中的"表面光鲜"。

好一句轻松的"表面光鲜"！中国的经济发展与城市化，成了可有可无的无稽之举么？试想，如果没有经济发展，香港能和平回归吗？别忘了，当年蒋介石忍气吞声让掉东三省，也没能阻止日本侵吞全中国的野心和步伐。

发展了，有人讥讽你。落后了，有人要鱼肉你。这就是发展与不发展的区别！落后就要挨打，国人永远不要忘了这个血淋淋的事实！

所以，别人说咱可以听着，但心里要亮堂，不要跟着瞎起哄，不要干"端起碗吃肉，放下筷子骂娘"的傻事。

自信的中国已不怕揭示真相，这可以帮我们找回实事求是的勇气。处于探索、创造阶段的一代，行动中肯定会有过错，发展中肯定会有损伤。既要马儿好，又要马儿不吃草，是不太现实的。只要直面现实，不慌乱，不抱怨，我们就一定能战胜它，克服它！

污染是阶段性的，是工业文明进程中绕不过的槛。1952年伦敦烟雾事件，造成大约4000人在浓雾中死亡。英国政府1956年推出《清洁空气法》，英国人花了半个多世纪才走出雾霾。

美国《外交政策》的文章中说，"中国正在犯美国在走向超级大国过程中犯过的错误，而且问题比当年的美国更严重"。这有点像过来人，常常拿自己曾经犯过的错误教育年轻人。但你吃药，治不了别人的病，年轻人依然要不断"重复昨天的故事"。往往，犯过错的年轻人才会真正明白、长大，才会真正迈向成熟。

按马克思主义的说法，事物的发展都是螺旋式的上升。回归自然，不是说回到茹毛饮血的蛮荒绿色生态时代。而是要大踏步地前进，在高度发达的工业化、现代高科技水平上，回归城市田园。而且，物质文明是精神文明的前提，只有建设好物质文明，才能有力地拉动精神文明。同时，我们克服困难、战胜挫折、创新改进的历程与积淀，又必将成为精神文明的重要部分。

目前，中国正处在城镇化和工业化的进程当中，我们不可能去逆转这个进程。此外，能源结构、生产结构的变化也是一个长期调控的目标,不可能一蹴而就。2000万人口大城市的治理经验,我们还在探索、积累过程中,没有现成的西方管理经验可以照搬,毕竟我们的基础和国情都不一样,文化、习惯、国民性格也不一样——中国以儒家思想为核心的主流文化,已覆盖了道家、佛家等次文化,使得文化的导向性和共性力量更大;也使得国民性的相同习惯、相同去向、一哄而上更趋严重。这在节假日的堵车、哄抢商品、私家车攀比的种种现象中展现无遗。

但前期的牺牲对我们后期的规划会有重要启发,问题都是前所未遇的,我们会在挫折中成长。对今后城市规划的启示是:规划中大城市要有,但大城市人口要合理增长;省会城市人口在500万~1000万;地级市人口200万~300万;县级市人口100万;小的城市红利较小,我们会在增长中稳步积累人口红利。2000万人口的城市相比100万人口的城市,其红利不是等于后者的20倍,可能是50~100倍。

十八大报告中提出了"美丽中国"的蓝图,虽然理想和现实总是有距离的,但只要我们有决心,从政府到我们每一个人都把责任担起来,透过大雾朝前看,那么距离就不再遥远。

借城镇化提高农村民房抗震性

从汶川地震到玉树地震,再到芦山地震,坍塌的房屋90%以上为农村民房,农村民房、校舍抗震性差,夺去了成千上万的生命,不能不引起我们的警觉和思考。

目前,虽然我国楼房有抗震等级标准,但对农民房屋建造的抗震性却没有明确要求,尤其是大量的农民自建住宅,很少考虑抗震问题,埋下了安全隐患。

当前城镇化的发展、新农村建设的推进,是提高农村民房抗震能力的契机。村民的住宅不能乱建,一定要有整体规划。政府要整体设计,应委托建筑设计部门,设计各种农村用房建筑图纸,无偿提供给农民使用;制定强制性房屋结构标准,使房屋建筑标准满足防震要求;并聘请专业技术人员督导和检查农民建抗震房,对建房质量负责。

据了解,农村自建民房要达到抗震标准,其土建成本要增加1/2。所以政府应增拨专项扶贫资金,对贫困地区农民建房发放抗震补贴,鼓励农民建抗震房。如果一次性规划,硬性要求村民住宅达到抗8级地震,土建成本要增加3倍,许多农民会因造不起而无房居住。所以不能太理想化,要有过渡性方案。生活居住的主房与放工具、养牲畜的辅房,建造等级可以分开,后者抗震标准可以更低些。有人居住的客房和卧房,采用钢筋混凝土浇柱子、框架、楼板,抗震达到5~6级,即便遇到8级地震,主房也不会整体坍塌,最多是裂开、倾斜。无人居住的辅房,外形看上去和主房一样,但可以让农民自主用空心预制楼板、砖墙建造。农村的小工具房,可以像欧洲建在田间。

我出生在农村,父亲就是建民房的工匠师傅头,在当地名气很大。两个哥哥也都是瓦匠工头。我出道学的"第一技能"就是建筑木工,与农村民宅息息相关。所以,我对民宅建造既有感情,也有一定经验。

在经济欠发达的部分农村，土木、砖结构的房屋居多。地震中外墙易闪出，屋顶易塌落。房屋纵横之间无必要的拉结，墙角处无拉接钢筋，地震时墙体会整体坍塌，这样的住宅抗震能力很差。根据我多年对建筑设计的知识以及早年参与民宅建设的经验，新型抗震民宅要用钢筋混凝土角柱、立柱作为承重抗剪结构，门、窗上设置圈梁，提高房屋整体抗震能力。

最好选择全现浇钢筋混凝土楼板，其整体性和抗震性要比预制楼板高很多，地震时墙体移动楼板也不会掉下来；政府可以启动"钢材下乡计划"，让钢铁厂低价送钢材下乡，支持农村新型抗震民房的建设，由政府补贴17%的增值税部分。这样企业有效益后，又可以为国家贡献所得税收。

借助城镇化的契机，镇、村可以部分启动商品房的建设。指导思想是"一次性规划，分批实施"。譬如第一步，村新建住宅楼标准不要太高（符合实际），相当于城里的安居房即可。村镇可以建一部分5~7层的公寓楼，一楼作为农具用房，一楼以上是居住用房。先有个过渡，5~10年后可逐步提高品质，原来的住宅楼仍可调剂使用。因为商品房的建设均是符合防震要求的，让农民住进来，抗震问题自然迎刃而解。

治理农药超标要用重典

2013年，山东潍坊的"毒生姜"被曝光，食品安全再次引发全国关注。媒体曝光后，相关部门才引起重视，进行拉网式排查。这样的做法,无异于头痛医头脚痛医脚。即使毒生姜事件被消除,毒青菜、毒萝卜等还会接二连三发生。

我认为,要杜绝农产品有毒事件的再次发生,让老百姓吃上放心的食品,农产品的农药超标就必须立法。2013年,最高人民法院、最高人民检察院发布了《关于办理危害食品安全刑事案件适用法律若干问题的解释》(以下简称司法解释),从中我们看到了国家严惩食品安全犯罪的决心。但光有这份司法解释还是远远不够,联想到此前的"地沟油"已经立法(最高可以判死刑),针对农产品农药超标的全面立法工作迫在眉睫!

首先,食品安全与每个人的健康和生命安全息息相关,农产品的农药超标无异于慢性谋杀,可能致病、致癌、致人死亡,造成的伤害可能会让人痛苦一生。仅仅为多赚一点为数不多的黑心钱,根本不管别人的死活,可谓谋财害命、穷凶极恶!只有加大打击力度,依法严惩危害食品安全犯罪,才能够有效地遏止如此猖獗的犯罪。

目前,在生产、加工、种植、养殖、销售、运输、贮存等过程中,食品安全犯罪的方式不断变换花头。有些米是用石蜡抛光的,有些猪是用瘦肉精饲养的,有些植物油是用"地沟油"提炼的,有些蔬菜是喷洒了甲醛才保鲜的。

譬如茶叶,为了防止虫害,茶农们往茶树上喷洒农药。但相关部门对农药品类并没有严格的规定,至于农药的用量、用法,都是凭自己的经验。一些茶农为了达到快速杀虫效果,会选择使用"灭多威"等一些违禁农药。而所谓特级、一级等好的茶叶,为了保证其鲜嫩,不被虫咬,更是加大农药剂量,直接喷洒在芽头上,而且过不了几天就采下来,叶片上的残留农药严重超标。有些菊花茶,为了保证冲泡出来的花形好看,也使用了过量农药。

又有媒体披露,做罐头和餐桌上食品的小鱼干,晾晒时没有网罩(因为使用网罩成本加大,曝晒效果不佳),为防苍蝇就用"敌敌畏"等农药喷(吃的时候由于鱼干的香味闻不出农药味)。诸如此类,不胜枚举。

此外,为了保证农产品的有机成分和矿物质含量,立法中对钾肥、磷肥等的合理使用,也必须给出相关规定和要求。

其次,监管失职是此次毒生姜产生的重要原因,因此立法要对相关部门问责,让所有的监管者不敢渎职。据报道,当地农民告诉记者,只要找几斤不施农药的姜送去检验,就能拿到农药残留合格的检测报告出来。这说明我们基层的检测根本没有尽责。送检应改成"送检+抽检"。

食品安全违法犯罪多是在自己的田间、自己的工厂实施,如果不深入基层,平时不加强对农产品的检测,就发现不了问题。进入市场的农产品,必须抽检不留死角。在各大城市的菜场,必须设立监测站,随时抽检。对那些屡次出现问题的产地要亮红灯,只有这样,产地政府才能真正地行动起来去行使监管责任。不要对食品安全搞外销与内销的"一国两制",应该统一实行一个标准。

再次,健全食品安全有奖举报制度,公布举报电话,提高奖励额度,让违法犯罪分子没有藏身之地。农产品的农药超标问题,事关每个人的身心健康,我们都无法置身事外。有些无知的不法菜农,自作聪明,以为毒蔬菜只卖给别人,自己不吃。但就算你不吃自己种的毒蔬菜,却难保你吃不到别的"毒油"、"毒肉"、"毒酒"、"毒罐头"……只有从生产、加工、销售、贮存的每个环节入手,有法可依,严格把关,每个部门、每个人都负起责任,我们才能停止用有毒食品"相互残杀",真正吃上放心食品。

车建新

"三品"论

品质、品味、品牌，我把它们称为"三品"。

之前，我谈生活的哲学比较多，但还有一样也很重要，就是生活美学、商业美学，因为美本身就是一种生活智慧，更是一种生产力、创造力和竞争力。

蔡元培先生早年就身体力行，大力倡导"美育"，甚至提到要"让美育替代宗教"的程度。我认为，美学是替代不了宗教的，它们应该是并列的，对人类具有同等重要的作用。可惜到现在，社会对美学的重视与培养还很不够，精致度的培训几乎没有，导致做事不追求完美，不精细化，做企业、做产品就达不到卓越。

那美又从何而来？ 品质、品味与品牌就是与美关联的三个最主要的元素。

品质是追求美的基础

什么叫品质？品质就是精细、完美、一丝不苟，就是凡事做到精致的习惯。

我是木匠出身，木匠这个职业有个最大的优点，就是做事的要求特别高，不光是对每个工艺的细节，还包括整个配套的环节。所以，不管我起先做打下手的小工，还是后来做木工活的组织者，我都非常重视每个细节的精致程度。譬如做一个大橱，我要把所有的木料都摊开来，选出其中最好的两块用在橱门上，可能会有些浪费，但完成的橱，品质就与别人做的区别开来了。

日本曾评选过一家"最受尊敬的企业"，可这家企业其实只是一对老夫妻开的极小的料理店，而且每天只做50对寿司，世界各地的游客闻名前往，至少要提前半年预约。为什么每天只做这点寿司呢？店主说，做多了品质就难保证。可见，他们对品质是抱有何等的敬畏之心啊！

针对当代中国青年迷茫、浮躁和空虚的普遍现象，我曾开过一个药方：确立做强技能的价值观。做强技能，就是像激光那样，把心聚焦在一点上，对事和物专注研究，反复思考，反复实践，每一项都要求工艺精美。

20世纪五六十年代的欧美青年，也曾集体迷茫过，但以德国人、瑞士人为代表，潜心钻研一门技能，并追求技能的完美、精湛。哪怕一个小工坊，也搞得很精致、很有档次；哪怕一个家族传承的品牌，也追求精细化、个性化。德国的汽车制造业、瑞士的钟表工艺,正是在这样背景下做强做大的。所以,做强技能也就是对品质的认知与努力。

品质是人做出来的,这里面其实还包含了一个品格。人的品德、素养、格局、格调,决定产品和企业的品格。好品格哪里来? 善和爱,把善和爱的品德注入对品质的追求,才能创造出上等的高端的品质。

飞机的品质当然最好了,因为它所有的配置都是最高标准。大到骨架小至螺丝,无疑都是最高强度,最耐高温的,仪表也是最精密的。对于品质而言,我们不能讲浪费,相反,现在许多企业在品质成本上过度节约,材料成本、人力成本、时间成本都压缩了,又如何确保产品的品质? 其实这就叫偷工减料,带来的结果是粗制滥造。所以,做强品质不仅是对个体的救赎,更是对整个民族的救赎。

追求品质还有一点很关键:求本意识。质是什么? 就是本质。现在好多人,对事物只满足于粗浅的了解,而不去深入求本。我的观点是:喜欢新事物,也要追根老事物。对老事物弄懂了,还要追溯一层、二层、三层……不管新老事物,只了解表面的那一层绝对不行,要调查事物的背景。如果针对一个项目,一定要进行背景情况、对应条件以及未来预期的可行性分析论证。特别是专业研究人员,深度起码要达到三层,并找出其中的规律来。我说过,甚至应该有"掘地九尺"的求本精神。

这样培养出来的品质,才能打下美的坚实基础。

品味是追求美的行为

有了品质的基础,对美的追求是要有行为的,它是动态的过程,具体体现就在品味上。如同女孩子喜欢LV或香奈儿,其实是崇尚精致产生的味道,所以有品味才有品位。

前不久我读了一本书,叫《美学原理》,对美的课题结合阅读做了一次系统的思考,我特别认同作者"美是一种价值"的观点。随后,我让办公室把这本书买了2000本,给管理人员每人发一本,再在各个层级分别举行一整天的美学心得分享会,目的也就是通过对美更高的认识,增加大家的美学功底,提升我们管理层的品味。

同样,我们每年要组织200名管理人员去欧洲,不是旅游是游学,譬如看法国的卢浮宫,看意大利文艺复兴时期的艺术作品,在美的情景中去提升审美的感知力。有了这种能力,再去观察生活,感受生活,结果就大不一样了,自我的品味也必然在熏陶中不断得以提升。

品味怎么得来? 当然不可能全靠书本的知识,更多是在生活中感悟与体验。有次我出差,住在一家临湖的宾馆,但它的餐厅位置没设置好,那么好的湖光山色看不见。于是我在早餐时,就执意让服务员把餐桌移到能看到湖面的走廊上去。一边看着晨光中静静的湖水,一边品着美味的早餐。这种情景心境下,智慧之门仿佛自然打开,可以想到许许多多的东西,灵感也随之即来。

品位,首先是要懂得品味。

品味当然也是不断学习、不断成长的过程。就拿我们红星美凯龙的商业空间来讲：第七代商场的外立面采用的是双层处理，即喷塑造型外再加玻璃外罩，这在中外家居商场都是没有先例的，目的是创造感觉，所以很多人的第一直觉就是它的品味。

而我们目前即将开业的第九代商场，是全球家居艺术博览中心，特邀了世界建筑大师安德鲁设计。整个建筑外立面以蜂巢纹理元素为概念构思，借此来表达勤劳的人们对美好生活的向往与渴望，而同周边即将建造的中环立交相呼应的弧线造型，优雅而柔和，又具当代艺术的特性。这种品味的体现，无疑吸取了世界建筑艺术的精华，成为商贸艺术的复合体，于无形之中提升消费者的品味。

品味是什么？ 质感的物＋优美的环境＋高雅的饰物＋和谐雅致的色彩。我们在办公室、会议室都精心布置了绿化，走进来就觉得有品味。为什么看都市电影，大家普遍喜欢西方的？ 其实不仅在情节，更多是欣赏那种品味。追崇好莱坞明星，也在于他(她)们身上散发出来的独特的品味。人的品味就是气质，也就是个性＋特强技能＋优美(阳刚或柔和)的肢体动作和语言表达。

品味不但是极致之美，还是组合之美。不管物还是人，至少要有三个以上极端精致的环节组合，才能算得上品味。反之三个以上的环节有缺陷，那就是土了。

品牌是追求美的结果

有了品质的基础，加上品味，自然会有美的结果，这就是品牌。

现在大家都在说品牌，那品牌是怎样炼成的？ 对品质和品味的专注度缺失，会导致人们走进品牌速胜的误区。品牌打造的历程，先是从一条街开始，再到一个区，一个市，一个省，一个国家，几个国家，再到全球。它是一个艰辛而又光荣的历程，只有当你凝结了无数激情与精湛的品质诞生时，你的顾客也才会有认同、崇尚的宽度与刻骨铭心的感受。

品质和品味是品牌的两只脚。红星美凯龙品牌的打造，可谓调动了"陆、海、空"三军实力：商场一流的产品、一流的服务和二流的价格形成强大的陆军；商场一流的空间与外形，成为海派洋气的海军；再加上全国性的爱家日活动，洋溢着时尚情调与温馨情味的大小S代言广告与央视的大力度投放，成为营销实力强大的空军。

还有一点尤其重要，就是品牌的文化支撑。今年，我们在中华艺术宫举办了首届鲁班文化节，钱文忠、高晓松、梁宏达和汪涵等国内名嘴几乎都来了，聊中华传统文化与时尚的居家文化，大家读书，这种活动才有文化内涵。我认为，品牌应该是无数这样的有品味行为的积累。

品牌其实还与使命有关，使命才是品牌内在的精神动力。既然我们红星美凯龙已经承接了"提升中国人居家品位"的使命，那就是无条件地用最好的产品和服务品质，最佳的商业空间与布展品味，来铸造中华民族的世界商业品牌。

奥运会也是品牌，它不光是竞技与比赛，更有深刻的体育精神的内涵和运动文化的传承、积淀、发展，它是生命礼赞的品牌盛会。

品牌是美学生活的结晶。苹果的系列当然是品牌，而成就这品牌的，无疑是它每个部件精致的品质，设计上时尚个性的品味和渗透在产品中的乔布斯的创新精神，是科技之美、艺术之美与人文之美的高度融合的结果。

品质、品味和品牌不是各自割裂的,而是一个相互关联的系统,我的"三品论"正来自实践的有感而发。追求美,是人的天性,更是社会发展之需要,我们今天要从"中国制造"到"中国创造","三品"当是必由之路。

倡导一种美学生活的方向,正是对人类和社会的贡献。因为,美好的生活首先是美的生活。

车建新

2014年9月

怎样才能长得更漂亮

这些年，在我的读书和思考中，健康与美一直是我关注的主题。直到去年，随着思考的深入，我发现美与良好的生理基础、积极的心态、高尚的品格是密不可分的。如果把美比作一棵树，身心灵三方面就好比是树叶、树干和树根。这是我2013年最重要的新发现，我暗自引以为豪。

首先，从生理的层面讲——

要吃得杂。特别是矿物质要多吃。吃的品种杂，我们就会长得更漂亮。我曾经请教过农业方面的专家，假如庄稼不施磷肥、钾肥、氨肥，缺乏这些矿物质的元素，就长得不好，长得很难看，不饱满。像儿童成长如果缺钙容易出现佝偻病、罗圈腿，也是这个道理。我们吃的食物品种杂，特别是矿物质丰富，脸部会长得更饱满、轮廓更美，体型更挺拔。特别是小孩。

我一直讲，怎样让我们的细胞更强壮，就是吃得杂。但是要让我们更漂亮，更要吃得杂，喝富含矿物质的水，吃各种水果摄取多种维生素。在亚洲人种中，韩国人和日本人他们吃的食品就很杂。日本的卫生部是有专门发文的，要求每天吃20~30个品种，这样营养才更全面。

此外，地理环境也很重要。一方水土养育一方人，地貌会影响人的相貌。所以《易经》上讲，山青人秀、山高人勇、山秃人滞。江南水乡为什么才子佳人多？燕赵之地为什么壮士英雄多？这个跟地貌特征是有关系的。

大家都说重庆的女孩子漂亮，为什么呢？因为重庆是雾都，滋养皮肤。那里又是山城，上坡下坡多，经常爬坡，臀部会结实、上翘，曲线更美。所以，湿润的空气、经常登高，对美是有帮助的。

跑步、健身能促进美。关键是运动要适度、均衡，让全身各个部分的肌肉、骨骼都得到相应的锻炼。比如说，有些做体力活的，貌似天天都在运动，但由于他总是机械重复局部运动，肌体受力不均，时间一长，反而会导致躯体畸形，不好看。所以，平时得不到锻炼的部位，要加强锻炼。

其次，从心理的层面讲——

自信。一个自信的人和一个不自信的人，他的脸部供血不一样。脸部需要氧气，需要氨基酸、矿物质、维生素等营养。自信会使脸部供血充足，给脸部输送氧气、营养就顺畅，脸部长得就比较饱满，就会更漂亮。

自信的人内心有底气，目光是坚定的，语调是平和的，步伐是轻盈的，表情放松，举止从容，一言一行优雅、得体。就像阳光、空气、水分充足的花儿，是尽情绽放的——由内而外透着阳光；而不自信的人，目光是游离的，神经是紧绷的，语调是胆怯的，表情呆板、肢体僵硬、气血淤积，就像蜷缩在屋檐下的藤蔓，处于一种压抑、扭曲的生长状态。

注意力在面部，血液就会流到面部。自信就像气功师运气一样，能让气血畅通，有助于把氧气、各种营养运送到我们的脸部，让我们的脸部长得更丰满、美丽、英俊。不仅小孩，大人也是这样，3~5年下来就会变漂亮许多。那些优秀的企业家、优秀的职业经理人，脸都很漂亮，因为他们都很自信。所以自信不光给我们带来智慧和底气，更可以给我们带来美。

微笑、阳光。长得漂亮要微笑，为什么呢？我们微笑的时候，脸部血液会集聚，这样营养、氧气、矿物质、维生素就全部过来了，输送到脸部，所以微笑的人会长得比较漂亮。脸部是我们的血管末梢，供血尤其要好。看一个人老不老，只要看他的脸，显而易见。多做面部按摩，可以促进面部活血；经常吃一点三七粉，可以活血化瘀，减少脸部的斑点。

为什么我们都觉得演员漂亮，主要原因是他们面部表情非常丰富，喜怒哀乐，随时变换，而且表达得很传神、到位。所以，他们无论是上镜还是上照，都非常好看。演员的基本功就是要长期训练面部表情，做到收放自如。这样一来，面部肌肉得到了充分锻炼，供血充足，所以就长得漂亮。什么叫"风情万种"？风情，主要就是指面部表情和肢体表情。

真正阳光的人，不光脸上挂着微笑，而且全身每个器官、每个细胞都在微笑，每根毛细血管里都充满了正能量。所以，阳光的人总是气血旺盛，由内而外透着美！

再有，从精神的层面讲——

善和爱。心和脸是相通的，要做一个有爱心的人、善良的人、宽容的人，我们的心态要好，一个有爱心、宽容、善良的人，脸才会长得漂亮。如果一个人内心有善有爱，平常的脸孔也会让人觉得美，因为美是从内心的善和爱焕发出来的。

相由心生。一个人的内心活动一定会在其外部（脸部和身体）打下烙印，留下痕迹。比如性格宽厚的人多半一脸福相，性情柔和的面相柔美。性格粗暴的人，总是一脸的凶相；有些品行不太好的中老年妇女，往往一脸的刻薄相。实际上不是生就的相貌，而是长期的心与行为在脸上的投影，这种现象人到中年以后特别明显。所以说，人要对自己的脸负责任。

每个人的容貌都是凝固的表情，而表情是凝固的心情，所以有着怎样的心情就会有怎样的面貌。人的每一种情绪都有其对应的表情，这会让你的脸部肌肉呈现不同的走向，时间长了，相就出来了。一个人最明显、最持久的表情会在脸上定格成一张摘不掉的面具。

率真的人显得美。为什么婴儿可爱？就是因为他们纯真，一点伪装都没有。虚伪、矫情的人，由于表里不一，长期掩盖真实想法、真实感受，身心极度压抑，久而久之就会呈现"阴阳脸"。

奥黛丽·赫本曾说过怎样才能变得更漂亮：多说善意的话，多想别人的美好。如何让自己的容貌保持美丽？首先要学会化解自己内在冲突，我们成为什么样子，完全在于自己。心理专家告诉我们，最好的保养品就是让内心平静、喜悦、感恩、惜福。

各行各业中，优秀的音乐家、画家、学者气质都比较美，就是因为他们活得比较率真，他们用歌声、音乐、画笔、语言，抒发内心的真情实感，表达人性的至善至美。何谓真善美？因为真，因为善，所以才美！

总而言之，美不完全是爹妈给的，美不是一成不变的。我们完全可以通过身体的锻炼、心态的训练和品格的修炼，练就一身由内而外散发的美！

车建新

2013 年 1 月

后　记

让我们认识作为哲学体验者的车建新

钱　莊

车建新，大名鼎鼎的红星美凯龙全球家居连锁集团的董事长，当然如今他本人也大名鼎鼎：行业的专题报告、高等学府的演讲、众多媒体的访谈、各种荣誉和头衔……他曝光率高，影响力也大。不熟悉他的人，只知道他是一个成功的企业家；一般熟悉他的人，则认为他是一个工作狂。

工作狂是自然的，创业 26 年，没有疯狂的拼搏与奋斗，怎么能把一个借资 600 元组建的家具小作坊，变成创造了无数个第一的中国家居业一线品牌，并已走进百 Mall 时代呢！他过旺的精力和对事业追求的狂热，众所周知。他对未来的梦想和执着，在不少员工的心目中，都达到超激情的程度了——他应该是个不折不扣的工作狂！

可是，更多熟悉他的人发现，近年来他悄悄发生了诸多变化：变得热爱生活了，热衷体验生活和研究生活了。譬如，他在员工的培训中，更多把生活哲理注入了工作原理；在原本正经严肃的公关场合，他会向来宾大谈传统养生与生命科学；而在小范围的茶余饭后，他尤会为人生与情感的新思维而滔滔不绝……也许，他在深谙商道的同时，又悟出了生活和生命的真谛。

笔者与车建新先生相识已有20余年，之后加盟企业，作为其直接下属与之几乎朝夕相处了7年，现在又成了公司的顾问，应该说了解之深，体察之甚，颇为难得。或许早年还囿于工作关系，彼此更多论及企业事务，而今则毫无顾忌地放谈生活相关的各个侧面。办公室对坐也好，出差旅行也好，或者手机超过一小时的通话，主题基本都是对固有职场与生活现象的另一个角度的分析，对常规成长和生活理念的换一种方式的思考。

古人云："处处留心皆学问，世事洞察即文章。"从这个意义来说，我不得不佩服他洞察生活、感悟生命的留心、细心和用心。他曾归纳过四项生命的任务，五个生命的指标，以及"九情九欲"的生命。里面引发出许许多多的奇思妙想，并不乏生动有趣的故事佐证——这就变成了一种学问，成长的学问、生活的学问。这种学问有没有用？因为它们不是空洞的理论或抽象的概念，它们都是源于他自身的创业经历、管理实践与日常生活的体验感悟，因此它们是鲜活的、有质地的，是一个成功者生活经验的真实坦言。好几年前，他有些零星小文发表在报纸上，他的一位级别颇高的官员朋友的老母亲居然还把它们剪下来，压在玻璃台板下，一定要让儿子看。因为有独到的见地，因为有共鸣。

当然，这些学问也来自其他学问触发的思考，因为他越来越爱读书的缘故。记得早年他在我家的书柜里取走一本《战争与男性荷尔蒙》，这本书居然被消化为他事业拓展的精神动力之一。去年他在旅途劳顿之余，阅读并与我多次讨论了两本书，一本是复旦教授王德峰的《寻觅意义》，另一本则是俄罗斯哲学家别尔嘉耶夫的《人的奴役与自由》。对于一个小木匠出身的企业家，对于一个日理万机的管理者，似乎是那么的令人不可思议！但这是真实的。他太爱读书了，尤其是纸面文字的阅读方式。而且他对书的阅读能力、消化能力和吸收能力特别强，举一反三的能力则更厉害。也许有时别人会觉得游离和勉强，但恰恰是这点，证明了他读书是为自己所用，为成功所用的。

基于这些，我就动员他把零散的观点或心得记下来，加以整理，供更多的读者朋友来交流探讨。借用村上春树的书名《当我谈跑步时，我谈些什么》，我们也可以知道，车建新先生除了在商场、办公室、谈判桌以外，在上海西郊的绿地小坡跑步时，他思考些什么。我以为这些思考，无论对现时仅仅为生存的人们，还是对刚步入社会渴望成功的年轻人，都很受用，很有益，也会让你读得很轻松、很快乐。

《体验的智慧》是车建新先生定的书名，或许正是对他自己体验之体验，感悟之感悟。他说：分享生活哲学，一年改变人生。但你要称他"生活哲学家"，他却不肯接受了。他又会说，因为自己是搞家居Mall 的，家不仅有硬件，还有软件，那就是生活。目前要为大众打造品位家居、艺术家居，就要研究生活艺术的哲学，做家居艺术的专家，更要成为生活的专家嘛！那我们该给车建新先生一个怎样的定位比较合适而准确呢？

日前看到英国的《每日电讯报》刊载：科学家发现大象拥有四种截然不同的性格——"领导者、温柔巨人、调皮捣蛋者和辛勤工作者"。很巧的是，这四种性格符号几乎都与车建新对得上：首先他是优秀的企业领导者，红星文化的赏识与激励正体现了他的柔性管理，他那天马行空的思维常常在同"设限"和"定式"捣蛋，但他又是非常勤奋的实践者。而当本书完成的今天，车建新还应该再加上"哲学与智慧的体验者"这一条吧！

相信读过本书的朋友，对车建新其人肯定会有一种比原来印象中更完整、更深入的认识和了解。

2012 年 9 月

新版后记

思考生命：正是这一代企业家的精神使命

钱　莊

《体验的智慧》正式出版已快两年了。这两年中，应该至少有二三十万人成了它的读者，因为从数次加印的印数即能估算，我也由此听到许多反馈与好评。概括起来说，最主要的一点就是，目前谈成长和生活的励志类书籍很多，但这两本"智慧"，还是很有些"干货"的。

我答曰：因为那完全是车建新创业至今实实在在的体验，没有虚话。

有网友问：作为执笔者，究竟哪些是车建新的思想，哪些又是你自己的东西？

我说：体验成结晶的珠子都是车建新的，我只不过是线，或说穿线者。

又有读者问：那后面车建新还会有多少珠子？

我几乎脱口而出：当然会不断有，因为他不断地思考——他是在不停地思考，无时无处不在思考，但我没想到，他会在思考成长、思考生活的平原上，忽然跃上了对生命思考的山峰。

有一天，他执意要约见我，见面他就滔滔不绝地同我谈起他对"意觉生命"的发现与思索。他说，人生命的时间与浩瀚的历史长河比，那绝对只是很短暂的一瞬。如果历史的长河是100公里，人的100岁算作1厘米，那1厘米或者0.7厘米与100公里比较，是没有多大差别的。但假如我们希望延长生命，完全可以靠意觉生命来延长……

那一刻，我似乎发现了又一个车建新——当好些企业家还热衷于"成功学"，满足于"生活家"的时候，他已经开始思考和研究"意念觉悟"与"物理生命"的关系，从而致力于由生命的宽度与深度完成对生命长度的超越。

他又说："人是希望的动物，也是精神的动物。正是这个意觉，让人从原始的状态，进化成精神生活的人。意觉是心智与灵性结合的智慧体验，对生命具有非常积极的意义。"

当时我深受感染。当然，对生命积极意义的思考和探索，远非车建新一个人的事，而应该是这一代企业家，乃至每个生命个体的精神使命！

为什么要思考生命？这听上去像废话，但恰恰是对生命与人生无知的发问。思考生命，就是正视生命，珍惜生命，完善生命。

就企业家而言，思考人的生命，恰如思考企业的生命一样，如同对自身生命质量修炼的要求，他们对事业的责任心和品质追求必然大不同。马云曾引用过阿拉伯的谚语："等一等，让灵魂跟上来。"跟上来干吗？就是静下来进行关于生命的思考。而对生命的思考程度，又必然决定了人与企业的价值观。

遗憾的是，还是有那么一批过去的或现在的"暴发户"，仍沉溺在对感官享乐的追逐和财富炫耀的虚荣中，那些人把生命误读成了身体。不思考生命，事业生命的发展旅程与结局便终会因脱轨而崩裂，不思考生命的肉体终会因灵魂的丧失而陨落。乔布斯是对生命有着独特的深刻感悟的企业家，他虽然已经离开世间，但他的精神，或者说就是他的意觉生命，不依然在苹果、在全球的"果粉"中延续吗？

人，不可能没有弱点和缺点，甚至错误。车建新也不例外。但一个真正坦诚地思考生命的人，一个懂得并善于探索生命本质的人，就会将这种思考和探索的过程变成一种生命的修炼，一种高尚而纯粹的滋养，用以弥补、修正、完善自己的人生。

车建新依然是务实的，每天他在仰望过昨夜的星空之后，更在阳光下脚踏实地地带领他的团队，创造出一个又一个令人惊诧的业绩。因而他的生命哲学完全可以说是日常工作和生活的精神营养素，并能促进工作创新的灵感迸发，与生活和谐的心态改善。

所以，国际学习型组织SOL中国负责人张成林称："当许多人尚在理论的云端漫步时，车先生始终坚实地行走在大地上，他是一个有思想的行动者。"

美国有部大片叫《云图》，导演与制片人是一对兄妹，有人评价他俩的完美合作，一个是风筝，另一个是放风筝的人——写到此处，我却不禁觉得这两者仿佛都集结在车建新一人身上了：他岂不既是风筝，又是风筝的放飞者吗？

车建新有过一篇《天赋论》的文章，文中谈到了"开启天赋的七项修炼"。我们在讨论时，记得他冒出了一句非常精彩的概括："什么是天赋？与时俱进就是天赋！"对啊，车建新的成功貌似偶然，其实恰恰是他的学习、思考、行动、与时俱进之必然。

那么，车建新当下对于生命意义与价值的思考，无疑也是中国企业家必须接受的与时俱进的精神使命！

2014 年 11 月

图书在版编目(CIP)数据

生活:体验的智慧 / 车建新, 钱莊著. —北京: 中国
友谊出版公司, 2017.9 (2018.1重印)

ISBN 978-7-5057-4190-4

Ⅰ.①生… Ⅱ.①车…②钱… Ⅲ.①车建新 – 生平
事迹②家具工业 – 工业企业管理 – 经验 – 中国　Ⅳ.
①K825.38②F426.88

中国版本图书馆CIP数据核字(2017)第221547号

书名	生活:体验的智慧
作者	车建新　钱　莊
出版	中国友谊出版公司
策划	杭州蓝狮子文化创意股份有限公司
发行	杭州飞阅图书有限公司
经销	新华书店
印刷	杭州长命印刷有限公司
规格	710×1000 毫米　16开
	14.5 印张　170 千字
版次	2017 年 9 月第 1 版
印次	2018 年 1 月第 5 次印刷
书号	ISBN 978-7-5057-4190-4
定价	33.00 元
地址	北京市朝阳区西坝河南里 17 号楼
邮编	100028
电话	(010)64668676